传统数术名家精粹

【一叶知秋、一针见血、胸罗千载、面转乾坤】

(清)沈镐◎著

杨金国◎点校

刘保同◎主编

图注 地学歌诀集成

汇集历代风水名家之言，尽述风水理论之精髓

最系统最全面的风水歌诀，峦头理气一目了然，

风水

汇集中国历代大师、风水典籍的实用风水精华

德興張尚書祖地

董德彰下

金鵝抱卵形

最早的记时仪日晷

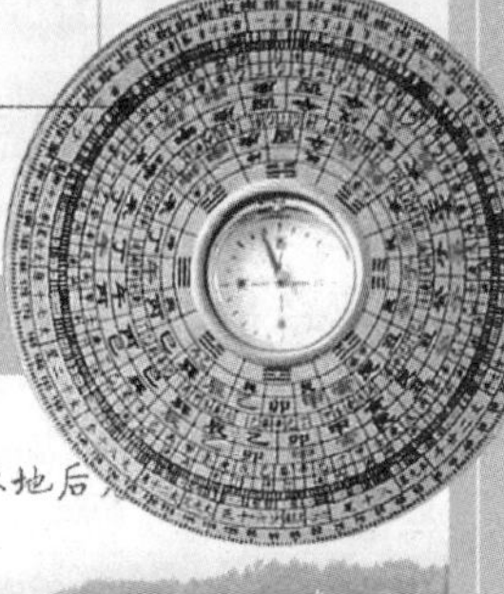

罗盘

经天纬地的罗盘是堪舆风水的必备工具

湖南金鸡啄白米行龙过峡全景图。祖山降脉，起父母山高大巍峨，中抽一脉细长柔嫩，过峡蓄气，外形如扑食而下的鸡脖子，左右两旁护山形象宽大，夹护有情，形如公鸡的两扇翅膀。

内蒙古人民出版社

图书在版编目(CIP)数据

地学歌诀集成/(清)沈镐著. -呼和浩特:内蒙古人民出版社,2010.5(2022.9重印)
(传统数术名家精粹/刘保同主编)
ISBN 978-7-204-10493-2

Ⅰ.①地… Ⅱ.①沈… Ⅲ.①风水-中国-古代
Ⅳ.①B992.4

中国版本图书馆CIP数据核字(2010)第090323号

传统数术名家精粹
地学歌诀集成
(清)沈镐 著

责任编辑	王继雄
封面设计	宋双成
出版发行	内蒙古人民出版社
地　　址	呼和浩特市中山东路8号波士名人国际B座5层
印　　刷	呼和浩特市圣堂彩印有限责任公司
开　　本	710×1000　1/16
印　　张	16.5
字　　数	220千字
版　　次	2010年12月第1版
印　　次	2022年9月第5次印刷
书　　号	ISBN 978-7-204-10493-2
定　　价	29.80元

如出现印装质量问题,请与我社联系。
联系电话:(0471)3946120　3946173

出版前言

风水是中国独树一帜的文化现象。集古代科学、哲学、美学、伦理学、心理学、民俗乃至生态观念于一体的综合性理论，应当说历史悠久，博大精深。“由于中国古人深信天、地、人三者之间存在一种深奥莫测的因果关系，为在选择阳宅和阴宅时找到一块顺天应人，得地脉之吉利的风水宝地而创建的一种理论体系，而深受中国传统哲学范畴的影响。”

古代风水典籍歌诀的研究是我们学习风水的基础，它是我国文化遗产的一部分，其中的正确与谬误，精华与糟粕，积极意义和消极因素，只有通过认真阅读原著，全面掌握，用便真的观点加以分析，才能得出符合事实的结论。任何随意抑扬、主观武断，都是错误的。”

风水的发展演变大致经历了先秦孕育时期、秦汉萌芽时期、魏晋发扬时期、唐宋成熟盛行时期、元代低落时期、明清流传繁荣时期。风水领域，名人辈出，著述甚多，为风水理论的形成和发展作出了重大贡献。

在发展过程中，风水学逐渐形成了较完整的两大宗派，即峦头派和理气派。峦头派注重峦头方位组合上的信息，理气派坚持时运生克方面的制化，两者互为表里，各有所长。

1、最有历史争议的理气派

理气派是根据阴阳、河图、洛书、先天八卦、后天八卦、五行及一至九星数学说，以定生克之理，去勘察阴阳宅风水，其起源无可穷究，大约起于秦、汉，至宋代始集其大成，理气派纳入的理论体系十分复杂，重推算而轻地形观测，颇为玄虚附会，所以在流行面远不如峦头派广泛。正因为理气派过于繁杂，又分出许多门派。在众多的派系中理论最系统，使用最灵验的首推玄空风水。主要表现在两点上：

(1) 玄空派风水其法重视砂水与方位的组合，这一点是非常科学的，以时间和空间的选择术为依的，专主阴阳配合生克制化，符合唯物辩证法的，以罗盘定空间方位阴阳，并取八卦五行、飞星翻布定生克吉凶，亦即通过年运与宅墓的坐向推算主人命运的时空因素，占测最佳选择。

(2) 玄空派风水自古以来传承极为神秘，所谓父子虽亲不可说，故真书传世较少。玄空地理代表图书有蒋大鸿《地理辩证》、华湛恩《天心正运》、章仲山《心眼指要》、《天元五歌阐义》、朱旭轮《宅法举隅》、马泰青《三元地理辨惑》、沈绍勋把理气之法归纳成玄空二字，其著作《沈氏玄空学》、《地理辨正抉要》可说是近代理气风水术的集大成著作，其子沈祖绵《沈氏地理疑义答问》、谈养吾《地理辨正新解》、《大玄空路透》、尤雪行《宅运新案》、范宜宾《地理乾坤法窍》、荣柏云《二宅实验》、尹一勺《地理四密全书》、孔昭苏《孔氏玄空宝鉴》。还有《天元五歌》、《玄空秘旨》、《玄机赋》、《飞星赋》及《紫白诀》等名篇。

2、最具现实意义的峦头派

峦头派其学说重于观测山川地势和外在的自然环境，它的核心理论是讲“龙、砂、水、向、穴”五字，即觅龙、察砂、观水、点穴、立向，影响最为深广。清代以后，理气派与峦头派理论同时并重。近代以来主张天道为理气，地道为峦头，峦头为体，理气为用，或认为峦头重于理气。

(1) 宅基选址偏重自然之法，宅的形体结构与布局合乎自然之法。选择的规律主要表现为，觅龙要起伏屈曲活动为主；察砂要缠护抱穴朝案分明；点穴要藏风聚气为要；观水要逆朝横收平净为佳；立向要合乎自然所立。从而达到趋吉避凶，求财纳福的目的。

（2）峦头书自郭璞《葬经》后，有唐杨筠松的《撼龙经》《疑龙经》、曾文遄《寻龙记》、吴景鸾《望龙经》及张子微《玉髓真经》、李默斋《地理辟径集》、明朝刘伯温《堪舆漫兴》徐善继与徐善述兄弟《地理人子须知》、明朝周景一《山洋指迷》、蒋大鸿《水龙经》、清朝沈镐《地学》、章仲山《心眼指要》及《地理小補》等著作。

东晋郭璞他是历史上第一个给风水定义的人，也给予最尊敬的称为“风水鼻祖”，他所提出的“葬乘生气”这一堪舆术精髓，也成为几千年来各派风水学保持不变的运用原理和宗旨。所以我们很有必要先来研究《葬书》一下，关于葬书有多个版本，这在《四库全书》提要中提到过，我们现在看到的多为吴澄删减后的三篇版，为还原最权威的风水图书《葬书》全貌，在此我们把这两个版本一并收录，供大家研究。

本书收录了历代公认为正宗的地理峦头理气名作二十二篇，即《葬经》《憾龙经 》《疑龙经》《 葬法倒杖》《廖禹十六葬法》《地学歌诀》《望龙经 》《穴情赋 》《雪心赋 》《神宝经 》《博山篇 》《寻龙记 》《青囊经 》《青囊序》《青囊奥语》《天玉经》《 都天宝照经 》《玄机赋 》《玄空秘旨》《飞星赋》《 通玄鬼灵经》。在峦头方面将繁复的理论化繁为简，龙、穴、砂、水，并对此作了深入浅出的阐述，此书里集古人著作，龙穴砂水，依次序，各部种种，法无不备。起於龙法之星辰，终於造坟之作用，系统分明，一贯到底，诚地理峦头书之最佳范本。在理气方面集玄空一脉真意，去芜存菁，笺注补正，指迷玄空。阅读此书，你就如得玄空奥秘的钥匙，必将顺利地进入玄学地理殿堂。当你翻开此书时，你就会发现本书打破古人，传书不传诀，传诀不传书，的禁规，倾囊而授，是堪舆研习者不可多得的一部典籍。

中国文化传承下来的风水，有道理，也有糟粕，我们应本着科学的态度，传承、批判、继承，在继承的基础上发扬光大。作为一种对中国社会有着广泛影响的文化现象和世界文明遗产，它很值得我们对其进行全面的了解，以去伪存真，从中汲取传统文化的智慧涵养。发掘深藏在我们传统文化中的精髓部分，为我们所用。

回首我与中国传统术数文化的缘分，回想我走上术数研究、应用的人生道路，感慨万千。让古老的术数文化福佑天下百姓，福惠千家万户，造福子孙后代的心愿时时在我的心中生荡漾，产生了我人生为之而奋斗的精神力量。传承和发展，任重而道远，路漫漫其修远兮，吾将上下而追寻。感念我数十年生根于心中的这个愿望，也正是这个愿望陪伴着我走过坎坷，走向辉煌。也由于这种愿望，我和我的同仁们在学习、研究中完成了这套书的的点校编写工作。由于世间仓促和本人水平所限，在成书之际，难免会存在一些问题，在此，欢迎各界朋友和业界同仁望能及时反馈至短信 13901187636 或留言 ju5588@126. con 邮箱联系，以利再版修订完善。在本书的点校过程中，中国国际周易联合会的明星专家圣钟、朱宸易、包悦禅、易炯生、董颖真、黎乃放、朱家昌、唐金泽、等为此付出了辛勤劳动，在此表示感谢。愿博大精深的中国术数，能够为你带来吉祥；愿国学经典术数著作，为你打开新的人生之门！

目 录

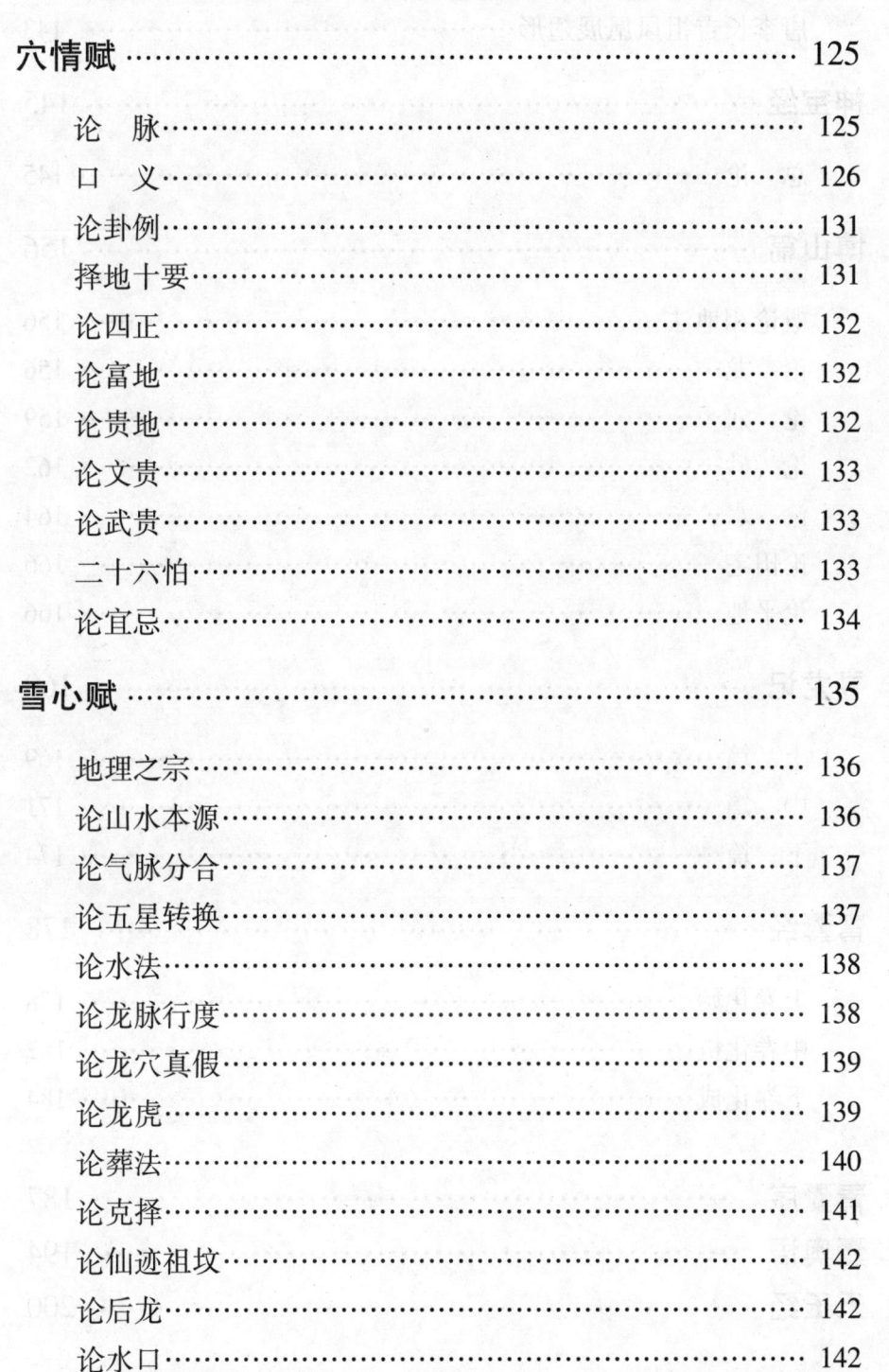

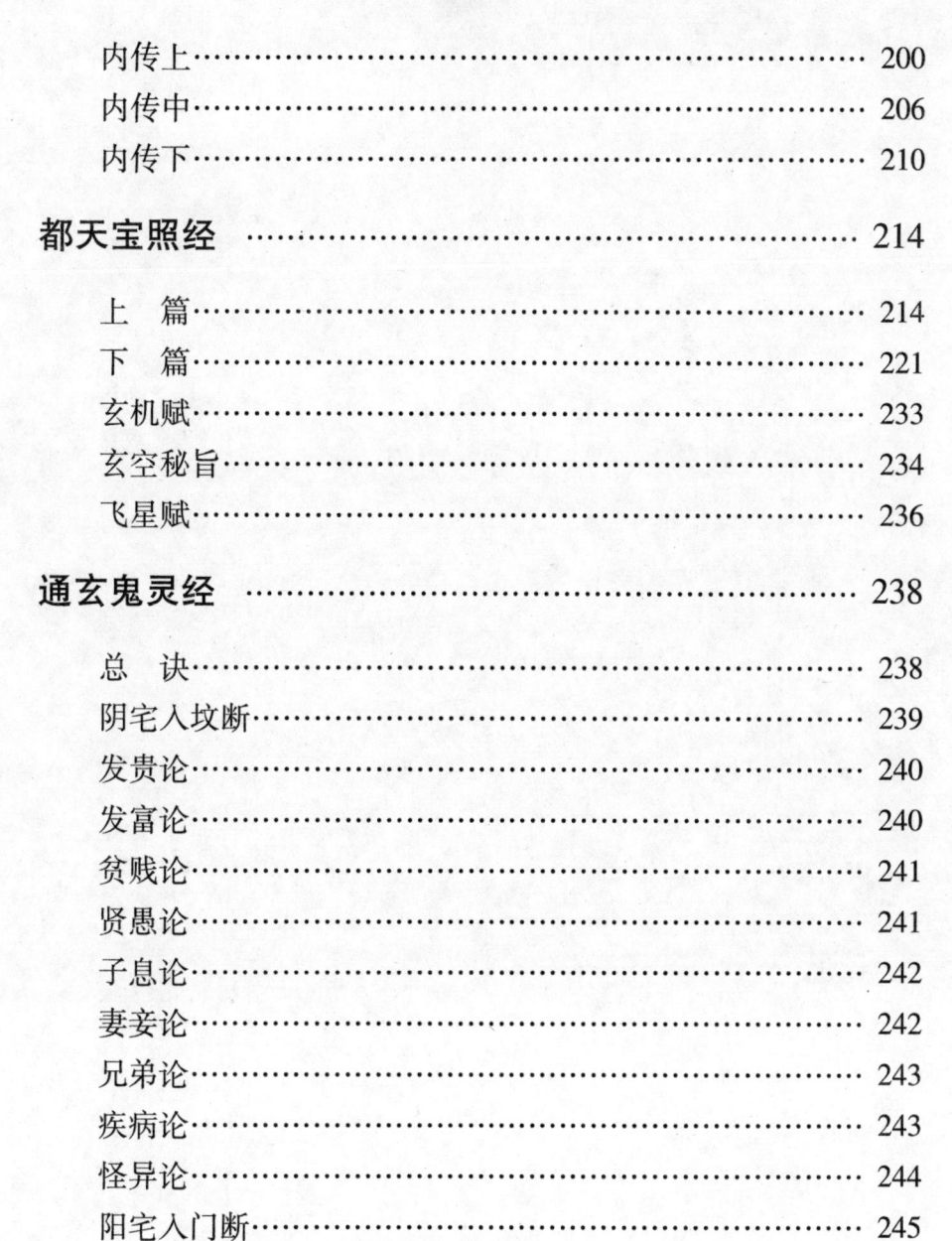

葬经

晋　郭璞

内篇

葬者，乘生气也。五气行乎地中，发而生乎万物。人受体于父母，本骸得气，遗体受荫。

经曰：气感而应鬼福及人。是以铜山西崩，钟灵东应。木华于春，粟芽于室。

盖生者，气之聚；凝结者，成骨，死而独留。故葬者，及气入骨。骨，以荫所生之法也。丘垅之骨，冈阜之支，气支所随。

经曰：气乘风则散，界水则止。

古人聚之使不散，行之使有止，故谓之风水。风水之法，得水为上，藏风次之。

经曰：外气横形，内气止生，盖言此也。

何以言之？气之盛，虽流行而其余者犹有止。

经曰：浅深得乘，风水自成。夫阴阳之气，噫而为风，升而为云，降而为雨，行乎地中，而为生气。

夫土者，气之体。有土斯有气。气者水之母，有气斯有水。

经曰：土形气形，物因以生。夫气行乎地中，其行也，因地之势；其聚也，因势之止。葬者，原其起，乘其止。

地势原脉，山势原骨，委蛇东西，或为南北。千尺为势，百尺为形。势来形止，是谓全气。全气之地，当葬其止。

宛委自复，回环重复，若踞而候也，若揽而有也。欲进而却，欲止而深。来积止聚，冲阳和阴。土高水深，郁草茂林。贵若千乘，富如万金。

经曰：形止气蓄，化生万物，为上地也。

地贵平夷，土贵有支。支之所起，气随而始。支之所终，气随以钟。观支之法，隐隐隆隆，微妙玄通，吉在其中。

经曰：地有吉气，土随而起。支有止气，水随而比。势顺形动，回复终始。法葬其中、永吉无凶。

山者势险而有也。法葬其所会，乘气所来审其所废，择其所相、避其所害，是以君子夺神功，改天命，乘其朗福不旋日。

经曰：葬山之法，若呼吸中，言应速也。

山之不可葬者五：气以生和而童山不可葬也；气因形来而断山不可葬也；气因土行而石山不可葬也；气以势止而过山不可葬也；气以龙会而独山不可葬也。

经曰：童断石过独生新凶而消已福。

上地之山，若伏若连，其原自天。若水之波，若马之驰，其来若奔，其止若尸，若怀万宝而燕息，若具万膳而洁斋，若橐之鼓，若器之贮，若龙若鸾，或腾或盘，禽伏兽蹲，若万乘之尊也。天光发新，朝海拱辰。龙虎抱卫，主客相迎。四势朝明，五害不亲。十一不具，是谓其次。

外篇

夫重冈叠阜，群垅众支，当择其特。大则特小，小则特大。参形杂势，主客同情，所不葬也。

夫支欲伏于地中，垅欲峙于地上。支垅之止，平夷如掌。故支葬其巅，垅葬其麓。卜支如首，卜垅如足。形势不经。气脱如逐。夫人之葬，盖亦难矣。支垅之辨，眩目惑心，祸福之差，侯虏有间。

乘金相水，穴土印木。外葬八风，内秘五行。天光下临，地德上载。阴阳冲和，五土四备。目力之巧，工力之具，趋全避缺，增高益下，微妙在智，触类而长，玄通阴阳，巧夺造化。

势如万马，自天而下，形如负扆，有垅中峙，法葬其止。

经曰：势止形昂，前涧后冈，龙首之藏，鼻颡吉昌，角目灭亡。耳致侯王，唇死兵伤。宛而中蓄，谓之龙腹，其脐深曲，必后世福，伤其胸胁，朝穴暮哭。

夫外气所以聚内气，过水所以止来龙，千尺之势，宛委顿息。外无以聚内，气散于地中。

经曰：不蓄之穴，腐骨之葬也。

夫噫气能散生气，龙虎所以卫区穴。叠叠中阜，左空右缺，前旷后折，生气散于飘风。

经曰：腾漏之穴，败椁之葬也。

夫土欲细而坚，润而不泽，裁肪切玉，备具五色。夫干如聚粟，湿如割肉，水泉砂砾，皆为凶宅。

夫葬以左为青龙，右为白虎，前为朱雀，后为玄武。玄武垂头，朱雀翔舞，青龙蜿蜒，白虎驯俯，形势反此，法当破死，故虎蹲谓之衔尸，龙踞谓之嫉主，玄武不垂者拒尸，朱雀不舞者腾去。

夫以支为虎者，来止迹乎冈阜，要如肘臂，谓之环抱。以水为朱雀者，衰旺系乎形应。忌乎湍激，谓之悲泣。朱雀源于生气，派于未盛，朝于大旺，泽于将衰，流于囚谢，以返不绝。法每一折，潴而后泄。洋洋悠悠，顾我若留。其来无源，其去无流。

经曰；山来水回，贵寿丰财，山囚水流，虏王灭侯。

杂 篇

占山之法，以势为难而形次之，方又次之。势如万马，自天而下，其葬王者。势如巨浪，重岭叠嶂，千乘之葬。势如降龙，水绕云从，爵禄三公。势如重屋，茂草乔木，开府建国。势如惊蛇，屈曲徐斜，灭国亡家。势如戈矛，兵死刑囚。势如流水，生人皆鬼。

形如负扆，有垅中峙，法葬其止，王候崛起。形如燕巢，法葬其凹，胙土分茅。形如侧垒，后冈远来，前应曲回，九棘三槐。形如覆釜，其巅可富。形如植冠，永昌且欢。形如投算，百事昏乱。形如乱衣，妒女淫妻。形如灰囊，灾舍焚仓。形如复舟，女病男囚。形如横几，子绝孙死。形如卧剑，诛夷逼僭。形如仰刀，凶祸伏逃。

牛卧马驰，鸾舞凤飞。螣蛇委蛇，鼋鼍龟鳖，以水别之。牛富风贵。螣蛇凶危。形类百动，葬皆非宜，四应前按，法同忌之。

夫势与形顺者，吉。势与形逆者，凶。势吉形凶，百福希一。势凶形吉，祸不旋日。经曰：地有四势，气从八方。寅申巳亥，四势也。震离坎兑乾坤艮巽，八方也。是故四势之山生八方之龙，四势行龙，八方施生，一得其宅，吉庆荣贵。

土圭测其方位，玉尺度其远迩。

夫葬干者，势欲起伏而长，形欲阔厚而方。葬坤者，势欲连辰而不倾，形欲广厚而长平。葬艮者，势欲委蛇而顺，形欲高峙而峻。葬巽者，势欲峻而秀，形欲锐而雄。葬震者，势欲缓而起，形欲耸而峨。葬离者，势欲驰而穷，形欲起而崇。葬兑者，势欲天来而坡垂，形欲方广而平夷。葬坎者，势欲曲折而长，形欲秀直而昂。

盖穴有三吉，葬有六凶。天光下临，地德上载，藏神合朔，神迎鬼避，一吉也。阴阳冲合，五土四备二吉也。目之巧，工力之具，趋全避缺，增高益下，三吉也。阴阳差错为一凶。岁时之乖为二凶。力小图大为三凶。凭恃福力为四凶。僭上逼下为五凶。变应怪见为六凶。经曰：穴吉葬凶，与弃尸同。

附：葬经（二十篇）

一、生气篇

葬者，藏也，乘生气也。

夫阴阳之气，噫而为风，升而为云，降而为雨，行乎地中，谓之生气。

二、气感篇

生气行乎地中，发而生乎万物。人受体于父母，本骸得气，遗体受阴。

盖生者气之聚，凝结者成骨，死而独留。故葬者，反气纳骨，以阴所生之道也。经曰：气感而应，鬼福及人。

三、风水篇

是以铜山西崩，灵钟东应。木华于春，粟芽于室，气行乎地中。其行也，因地之势。其聚也，因势之止。古人聚之使不散，行之使有止，故谓之风水。

四、方法篇

风水之法，得水为上，藏风次之。气之盛而流行，而其馀者犹有止。虽零散而其深者犹有聚。经曰：外气横行，内气止生，盖言此也。经曰：浅深得乘，风水自成。

五、生物篇

土者，气之母，有土斯有气。气者，水之母，有气斯有水。故藏于涸燥者，宜深。故于坦夷者，宜浅。经曰：土行气行，物因以生。

地势以原脉，山势以原骨。委蛇东西或为南北。宛委自复，回环重复。若踞而候也。若揽而有也。欲进而却，欲止而深来。积止聚冲，阳和阴工，土厚水深，郁草茂林，贵若千乘，富如万金。经曰：形止气蓄，化生万物。

六、乘气篇

为土地也，地贵平夷，土贵有支。支之所起，气随而始，支之所终，气随而终。观支之法，隐隐隆隆，微妙玄通，吉在其中。经曰：地有吉气，土随而起，支有止气，水随而比。势顺形动，回复始终，法葬其中，永吉无凶。

七、垅支篇

夫重冈叠阜，群垅众支，当择其特。大则特小，小则特大。参形杂势，主客同情，所不葬也。夫垅欲峙于地上，支欲伏于地中，支垅之止，平夷如掌。故经曰：支葬其巅，垅葬其麓，卜支如首，卜垅如脚。形势不经，气脱如逐。

夫人之葬也，盖亦难矣，支垅之辨，眩目惑心，祸福之差，候处有间。

八、造化篇

山者，势险而有也，法葬其所会。故葬者原其所始，乘其所止。审其所废，择其所相，避其所害。浅以乘之，深以取之，辟以通之，阖以固之。乘金相水，穴土印木，外藏八风，内秘五行，天光下临，地德上载，阴阳冲和，五土四备。是以君子夺神功改天命，目力之功，工力之具，趋全避缺，增高益下，微妙在智，触类而长，玄通阴阳，功夺造化。

九、万乘篇

土地之山，若伏若连，其原自天。若水之波，若马之驰，其来若奔，其止若尸。若怀万宝而燕息，若具万膳而洁斋。若橐之鼓，若器之贮，若龙若鸾，或腾或盘，禽伏兽蹲，若万乘之尊也。文章天光发新，朝海拱辰，龙虎抱卫，主客相迎，四势端明，五害不亲，十一不具，是谓其次。

十、五不葬篇

山之不可葬者五：气以生和而童山不可葬也；气因势来而断山不可葬也；气因土行而石山不可葬也；气以势止而过山不可葬也；气以龙会而独山不可葬也。童断石过独，生新凶，消已福。

十一、论势篇

葬山之法，势为难，而形次之，方又次之。势如万马自天而下，其葬王者。势如巨浪，重岭叠嶂，千乘之葬。势如降龙，水绕云从，爵禄三公。势如重屋，茂草乔木，开府建国。势如惊蛇，屈曲徐斜，灭国亡家。势如戈矛，兵死刑囚。势如流水，生人皆鬼。势如负扆，有垅中峙，法葬其止。

十二、论形篇

王候应起，形如燕巢，法葬其凹，胙土分茅。形如侧垒，后冈远来，前应曲回，九棘三槐。形如覆釜，其巅可富。形如植冠，永昌且欢。形如投算，百事皆乱。形如乱衣，妒女淫妻。形如灰囊，灾舍焚仓。形如覆舟，女病男囚。形如横几，子灭孙死。形如卧剑，诛夷逼僭。形如仰刃，凶祸伏逃。牛卧马驰，鸾舞凤飞，螣蛇委蛇鼋鼍鳖龟，以水别之。牛富凤贵，螣蛇凶危，形如百动，葬者非宜，四应前按，法同忌之。

十三、势与形篇

夫千尺为势，百尺为形。势与形顺者吉，势与形逆者凶。势凶形吉，百福希一。势吉形凶，祸不旋日。千尺之势，宛委顿息，外无以聚内，气散于地中。经曰：不蓄之穴，腐骨之藏也。

十四、败椁篇

盖噫气为能散生气，龙虎所以卫区穴。叠叠中阜，左空右缺，前旷后折，生气散于飘风。经曰：腾漏之穴，败椁之藏也。

十五、吉藏篇

经曰：外气所以聚内气，过水所以止来龙。千尺为势，百尺为形，势来形止，前亲后倚，为吉藏也。

十六、四势篇

经曰：地有四势，气从八方。故砂以左为青龙，右为白虎，前为朱雀，后为玄武。玄武垂头，朱雀翔舞，青龙蜿蜒，白虎顺俯。形势反此，法当破死。故虎蹲谓之衔尸，龙踞谓之嫉主，玄武不垂者拒尸，朱雀不舞者腾去。

土圭测其方位，玉尺度其遐迩。以支为龙虎者，来止迹乎冈阜，要如肘臂，谓之环抱。

十七、朱雀篇

以水为朱雀者，衰旺系乎形应，忌乎湍激。谓之悲泣。

朱雀源于生气，派于未盛，朝于大旺，泽于将衰，流于囚谢。法每一折，储而后泄，洋洋悠悠，顾我欲留，其来无源，其去无流。

十八、土质篇

经曰：山来不回，贵寿丰财。山囚水流，虏王灭侯。土欲细而坚，润而不泽，裁肪切玉，备具五色。干如穴粟，湿如割肉，水泉砂砾，皆为凶宅。

十九、三吉六凶篇

经曰：穴有三吉，葬有六凶。藏神合朔，神迎鬼避，一吉也。阴阳冲和，五土四备，二吉也。目力之巧，工力之具，趋全避缺，增高益下，三吉也。

阴阳差错为一凶；岁时之乖为二凶；力小图大为三凶；凭持福力为四凶；僭上逼下为五凶；变应怪见为六凶。经曰：穴吉葬凶，与弃尸同。

二十、总论篇

经曰：势止形昂，前涧后冈，龙首之频，鼻颡吉昌。角自灭亡，耳致侯王。唇死其伤。宛而中蓄，谓之龙腹，其脐深凹，必后世昌。伤其胸肋，朝穴其哭，是以祸不旋日，经曰：葬山之法，若乎谷中，官应速也。

郭璞代表作：徐达中山王祖

徐达中山王祖地。唯一有准确记载郭璞所相之地。此地在丰城，土名桐槽。其龙起自罗山，入临川境转至桐槽，系省龙分结，

迢递而来。将入局，横列大帐，左右天乙、太乙，中耸帝座，秀异清奇。正脉从帝座中逶迤而下，复开九脑芙蓉帐，帐中顿起大贵人，耸立特异，节节上格贵龙。复大断霞帔过脉，隐隐三台，挂角而下，撒落平坡，开口结穴。到头丑怪，穴似散漫，龙虎带剑，似于分飞不顾，俗见无不惊骇。殊不知干龙大地，曜气发露，贵秀全在于此，但不利初代耳。徐氏于建炎四年葬后果不利，从戎迁濠州生徐达，为明朝开国元勋，官至中山王，其女为文孝皇后。据说晋时郭璞扦丰城邑治时，见此水口，有日月捍门之埠，惊讶说：此内有至尊之地乎。随察之叹曰：日月反位，非至尊，王侯地耳。遂私作记而去。此地虽午丁生息，但癸子方案山齐整，紫气贵人高耸，使穴气完固，亦为贵象。若无此，亦非真穴贵地。

徐达中山王祖地

憾龙经

唐　杨筠松　撰

统　论

须猕山是天地骨，中镇天地为巨物。如人背脊与项梁，生出四肢龙突兀。四肢分出四世界，南北西东为四派。西北崆峒数万程，东入三韩为杳冥。惟有南龙入中国，胎宗孕祖来奇特。黄河九曲为大肠，川江屈曲为膀胱。分枝劈脉纵横去，气血钩连逢水住。大为都邑帝王州，小为郡县居公侯。其次偏方小镇市，亦有富贵居其地。大率行龙有真星，星峰磊落是音身。高山须认星峰起，平地龙行别有名。峰以星名取其类，星辰下照山成形。龙神二字寻山诀，神是精神龙是质。莫道高山方有龙，却来平地失真踪。平地龙从高脉发，高起星峰低落穴。高山即认星峰起，平地两旁寻水势。两水夹处是真龙，枝叶周回踪者是。莫令山反枝叶散，山若反兮水散漫。外山百里作罗城，此是平洋龙局段。星峰顿伏落平去，外山隔水来相顾。平中仰掌似回巢，隐隐微微立邱阜。便从邱阜觅回巢，或有钩夹如旋螺。钩夹是砂螺是穴，水注明堂聚气多。四旁绕护入城裹，水绕山环聚一窝。霜降水枯寻不见，春夏水高龙脊现。此是平洋看龙法，过处如丝或如线。高水一寸即是山，低土一寸水回环。水缠便是山缠样，缠得真龙如仰掌。窠心掌里或乳头，端然有穴明天象。山缠水绕在平坡，远有围山近有河。只爱山来抱身体，不爱水反去从他。水抱应如山来抱，水不抱兮山不到。莫道高山龙易识，行到平洋失踪迹。藕断丝连正好寻，退却愈多愈有力。高龙多下低处藏，四没神机便寻得。祖宗父母数程远，误得时师皆不识。龙到平洋莫问踪，只观水绕是真龙。念得龙经无眼力，万卷藏真也是空。

垣　局

北辰一星天中尊，上相上将居四垣。天以太乙明堂照，华盖三台相后先。此星万里不得一，此龙不许时人识。识得之时不用传，留与皇城镇家国。请从垣外论九星，北斗星宫系几名，贪巨武曲并辅弼，禄文廉破地中行。九星人言有三吉，三吉之余有辅弼。不知星曜定镏铢，祸福之门教君识。

贪狼星第一

贪狼顿起笋生峰，若是斜枝便不同。斜枝侧顶为破面，尖而有脚号乘龙。脚下横拖为带剑，文武功名从此辩。横看是顶侧是峰，此是贪狼出阵龙。侧面成峰身直去，不是为朝便不住。莫来此处认高峰，道是元武在其中。亦有高峰是元武，元武落处四兽聚。聚处方为龙聚宫，四兽不顾只成空。空亡龙上莫寻穴，纵然有穴易歇灭。或为关峡似龙停，正龙潜在峡中行。时师多向峡中觅，不识真龙断续情。贪狼自有十二样，尖园平直小为上。欹斜侧石倒破空，祸福轻重自不同。问君来此如何观，莫道贪狼总一般。欹是崩崖破是坼，斜是边有边不明。侧是面尖身直去，空是岩石多玲珑。倒是飞峰偏不正，十者未是正贪龙。平地卓然起顿笋，此是贪尖本来性。园无欹斜四面同，平若卧蚕啊高岭。直如峡脊引绳来，小似笔头插高顶。五者方为贪正形，吉凶祸福要详明。火星要起廉贞位，生出贪狼由此势。若见火星动炎时，看他踪迹落何处。此龙不是寻常龙，生出贪狼自奇异。火星若起廉贞位，落处须寻一百里。中有贪狼小小峰，有时回顾火星宫。世人只道贪狼好，不识廉贞是祖宗。贪狼若非廉作祖，为官也不到三公。高山顶上平如掌，中分细脉如蛇样。贵龙多是穿心出，富龙只从旁边降。高山如帐后面遮，帐里微微似带斜。带舞下来似鼠尾，此是贪狼上岭蛇。带舞下来似鹤颈，此是贪狼下岭蛇。上岭解来朱紫客，下岭须为贯朽家。大山特起小为贵，小山忽起大为势。高低大小断续行，此是贪狼真骨气。大抵九星有种类，生子生孙巧相似。剥换方知骨气真，剥换不真皆不是。一剥一换大生小，从大剥小最奇异。剥换退卸见真龙，小峰依旧贪狼起。剥小如人换好裳，如蝉退壳蚕退筐。或从大山落低小，或从高峰落平洋。退卸剥换成几段，十条九条乱了乱。中有一条却是真，若是真时断了断。乱山回抱在面前，不许一条出外边。只有真龙在帐内，乱山在外却为缠。此龙多从腰里落，回转余枝作城廓。城廓弯环生捍门，门外罗星当腰着。罗星要在罗城外，此与火星常作案。火星龙始有罗星，若是罗星不居内。居内名为抱养瘰，又为病跟堕胎山。罗星若生罗城口，城口皆为玉笋班。罗城恰似城墙势，龙在城中聚真气。罗星借在城阙间，时师唤作水口山。欲识罗星真妙诀，一边枕水一边田。田中有骨脉相连，或为顽石焦土间。此是罗星有余气，卓立为星在水边。贪巨罗星方与尖，辅弼武曲员匾眠。禄存廉贞多破碎，破军尖破最为害。只有尖圆方匾星，此是罗星得正形。忽然四面皆是水，两册环合郁然青。罗星亦自有种类，浪说罗星在水边。

巨门星第二

巨门尊星性端庄，才离祖宗即高昂。星峰自与众星别，不尖不圆其体方。高处定为顿笏样。但是无脚生两傍。如此星峰止一二，方冈之下如驱羊。方冈或如四角帐，帐中出带似飞扬。飞扬要得穿帐去，帐中两角随身张。枝叶不多关峡少，却有护卫随身傍。带旌带节来拥护，旌节之峰多是双。更有刀剑同护送，刀剑送后前圆冈。离踪断多处失脉，抛梭马迹蛛丝长。梭中自有丝不断，蜂腰过处多趋跄。

自是此星性尊贵，护送此星来就体。每逢跌断过处时，两傍定有衣冠吏。衣冠之吏以圆峰，两傍有脚卫真龙。若是独行无护卫，定作神祠佛道宫。平行穿珠行数量，忽数又作方峰起。方峰直去如桥扛，背长颇类平尖贪。平尖贪狼如一字，生在山顶如卧蚕。武曲倒从身中出，贪狼直去如僧参。夹辅护龙次第列，正龙在内左右函。此龙住处无高垅，间生窝穴隐深潭。独在山峡中间者，穴落高冈似草庵。四围要高来朝护，前案朝迎亦高舞。却作高穴似人形，按敛端严似真武。

此龙若行三十里，内起方峰止三四。峰峰端正方与长，不肯欹斜失尊体。峰上忽然生折痕，此与廉贞何以异。凡起星辰不许斜，更嫌生脚照他家。端峰若生四花穴，花穴端严要君别。真龙直去向前行，四向谩成龙虎穴。此是武曲钳峡来，间气来此偶生峡。此龙误了几多人，定来此处说真形。要说四花穿心过，但看护卫不曾停。尊星自有尊星体，方正为屏将相位。巨门行龙少鬼劫，盖缘两傍多罗列。水界分处夹龙行，不肯单行走空缺。水界分及乱生枝，枝叶虽多夹水随。护龙亦自有背面，背后如壁面平夷。平夷便是贴龙体，龙过之时形怪异。不起尖圆即马旗，攒剑翻龙归此地。护卫缠绕如打围，重重包裹外山归。至令巨门少关峡，护送无容左右离。明堂断定无斜泻，横案重重拜舞低。平贪覆巨圆武曲，尖圆方整不能齐。三星尖圆方整处，向此辩别无狐疑。识龙须识辨疑处，识得真龙是圣师。

禄存星第三

禄存之形如顿鼓，下生有脚如瓜瓠。瓜瓠头前有小峰，此是禄存带禄处。大如螃蟹小蜘蛛，此是禄存带杀处。杀中若有横磨敛，此是权星先出武。大龙大峡百十程，宝殿龙楼去无数。忽履仁等入长垣，万仞不围君莫顾。痴师偷眼傍睥睨，晓者默然佯不睹。若然尖脚乱如茅，唤作蚩尤旗爪距。小圆带禄围本身，将相公侯出方虎。

大抵星辰嫌破碎，不抱本身多作怪。端正龙神须无破，丑恶龙神多破败。怪形异穴出凶豪，杀戮平民终大坏。草头作乱因此山，赤族诛夷偿命债。只缘龙上有欃枪，贼旗倒仄非旌幢。旌幢对对端正立，独立欹仄欃名枪。顿鼓微方似武曲，武曲端正下无足。有足周围真禄存，圆尽方为武曲尊。龙家最要仔细辩，疑似乱真分背面。背似面非岂有真，此是禄存大移转。凹处是面凸是背，作穴分金过如线。凡看星辰看转移，转移须教母顾儿。枝分派别有真种，忽作瓜蔓无东西。十里半程无冈岭，平阳砂碛烟尘迷。到处君须看水势，水势莫问江与溪。只要两源相夹出，交琐外结重重围。禄存好处落平洋，大作方州小镇县。坪中时复乱石生，或起横山或梭面。此处或有辅弼形，辅弼无枝禄生辨，禄是帝车第二星，也主为文也主兵。九星行龙皆要禄，最要夹贪兼巨轴。或从武曲左右起，此等贵龙看不足。若逢此星远寻穴，莫向高山寻促局。若遇九星相夹行，只分有足并无足。燕云不岭出九关，中带禄存三吉山。高山峡里多尖秀，也有圆禄生孱岩。君看山须分种类，乱指横山作正班。禄破二星形无数，也有正形落低处。也有低形上垅头，杂乱分形君莫误。形在高岭为高形，山顶上生禄存星。形在平洋山卓立，顶矮脚手亦横平。顶上生形顶必正，平地生形脚乱行。请君看我细排列，祸福皆从龙上生。

第一禄存如顿鼓，脚手对对随身去。平行有脚如剑芒，旌节幡幢排次序。此等星辰出大江，中有小贪并小巨。辅弼侍从左右生，隔岸山河远相顾。此是龙身作州县，雄据十州并一路。忽然诸山作垣局，更求吉水为门户。若得吉水为门户，万水千山不须做。

第二禄存如覆釜，脚法如戟周回布。有脚方为真禄存，无脚方为禄堆巨。此星定是有威权，白手成家积巨富。

第三禄存鹤爪布，两短中长龙出露。出露定为低小形，隐隐前行忽蹲踞。有穴必生龙虎巧，丑陋穴形龙不住。

第四禄存肋扇具，脚手又似扛丝势。此龙只好结神坛，另有星峰生秀气。第五禄存如悬鹑，破碎箕帚折无数。此星便是平行星，星平生枝自顶分。此龙只去平中作，梲掉回来斩关做，高山大峡开三路。

第六禄存落平洋，势如巨浪横开张。他星亦有落平者，此星平地亦飞扬。脚摆时复生巨石，石色只是黑与黄。两傍请看随龙峡，长短大小宜推详。护龙转时看他落，落处当随水斟酌。右转皆右不参差，左转皆左无驳杂。朝迎指正真穴形，左右高低君莫错。禄存鬼形如披发，虽曰众多势如掠。第七禄存如长蛇，左右无护无拦遮。此龙目作贵龙从，枕在水边自横斜。第八禄存在高顶，如载兜鍪有肩领。渐低渐小去作穴，定作窝钳极端正。此龙号为八贵龙，捉穴真时最昌盛。

第九禄存如落花，片片段段水夹砂。不作蛟潭为鬼穴，定作罗星水口遮。天下山山有禄存，或凶或吉要君分。莫道禄存全不善，大为将相公侯门。要知五岳真龙落，半是禄破相参错。大行顶上马耳峰，禄存身上贪狼龙。泰山顶上有石观，上有月亭高一半。此是禄存上有贪，如此高峰孰能判。海中洲渚亦有山，君如论脉应难言。不知地脉连中国，远出山形在海间。集出青齐为东岳，过尽平阳大江壑。地络连延气势生，涧水止龙君莫错。我观破禄满天下，九星分变无识者。君如识得禄存星，珍宝连城贵无价。

文曲星第四

文曲正形蛇行样，若作淫邪如撒网。此星柔顺最高情，形神恰似生鳝样。问君如何生此山，定出廉真绝体上。问君如何寻绝体，本宫山上败绝气。问君如何寻本宫，宝殿之下初出龙。认得星峰初出面，看得何星细推辨。九星皆挟文曲行，若无文曲星无变。变星便看何星多，多者为主分恶善。文曲星柔最易见，每遇旺方生侧面。侧面成峰身直行，直去多如丝杂线。此星山骨少星峰，若有星峰辅弼同。平地蛇行最为吉，半顶娥眉最得力。若有此星连接生，女作宫嫔后妃职。男家因妇得官班，又得资财并美色。

凡起星峰必有情，自然连接左右生。若是无峰如鳝样，死龙散漫空纵横。纵饶住处有穴形，社坛神庙血食腥。若是作坟并建宅，女插花枝逐客行。男人破家因酒色，女人内乱公讼庭。变出瘵痨鬼怪病，令人冷退绝人丁。困龙坪下数十里，忽然卓立星峰起。左右前后忽逢迎，贪巨武辅取次生。只得一峰龙便活，娥眉也变辅弼形。平行虽云变辅弼，只是低平少威力。若得尊星生一峰，便使柔星为长雄。男人端貌取科第，女人主家权胜翁。大抵寻龙少全格，杂出星峰多变易。弼星似巨辅似文，长短高低细辨识。莫道凶龙不可裁，也有凶龙起家国。盖缘未识间星龙，贪中有廉文有弼。武有破军间断生，禄存或有巨武力。十里之中卓一峰，小者成大弱成雄。此星龙家间星法，大顿小伏为真踪。一山便断为一代，看在何代生间断。便向此星定富贵，困弱生旺随星峰。困弱这龙无气力，死鳝烟炮入砂砾。千里百里无从山，独自单行少妆拾。君如识得间星龙，到处乡村可寻觅。龙非久远少全气，易盛易衰非人力。

廉贞星第五

廉贞如何号独火？此星得形最高大。高山项上石嵯峨，伞折犁头裂丝破。只缘尖焰耸天庭，其性炎炎号火星。起作龙楼并宝殿，贪巨武曲因此生。古人深识廉贞体，唤作红旗并曜气。此星威烈属阳精，高焰赤黑峰头起。高尖是楼平是殿，请君来此细推辨。乱峰顶上乱石间，此处名为聚讲山。聚讲既成即分去，分宗拜祖迢迢路。寻踪寻迹更寻儿，龙来此处最堪疑。却来此处横生嶂，形如帐幕开张样。二重入帐一重出，四重五重如巨浪。嶂中有线穿心行，帐不穿心不入相。帐幕多时贵亦多，一重只是富豪样。两帐两幕是真龙，帐里贵人最为上。帐中隐隐仙带飞，带舞低垂主兴旺。天关地轴两边迎，异石龟蛇过处往。高山顶上有池水，两边夹得真龙行。问君高顶何生水，此是真龙顶上气。楼殿之上水泉生，水还两处两边迎。真龙却向泉中过，也有单池在傍抱。单池终不及两池，池若倾崩反生祸。池平两水夹又清，此处名为天汉星。天汉天潢入阁道，此星入相居天庭。更有卫龙在高顶，水贴龙身入深井，更无水出可追寻，或有蒙泉如小镜。

看他辞楼并下殿，出帐耸起生何形。应星生处别立形，此是分枝劈脉证。祖宗分了分兄弟，来此分贪识真性。分贪之处莫令差，差谬一毫千里迥。笋峰贪狼纵横计，钟釜枕梭武辅弼。方峰是为巨门程，最要来辨嫡庶行。嫡庶不失出帐形，便是龙家五吉星。廉贞恶石众所畏，不晓真阳火里精。此龙多向南方落，北上众山惊错愕。低头敛衽山朝来，莫向他方妄参错。凡是星峰皆有石，若是土山全无力。廉贞独火气冲天，石骨棱层平处觅。廉贞不生吉星峰，定隔江河作应龙。朝迎必应数百里，远望鼓角声冬冬。凡见廉贞高耸石，便上顶头看远迹。细认真龙此处生，华盖穿心正龙出。此龙最贵难寻觅，五吉要耸华盖出。此等真龙不易逢，华盖三峰品字立。两肩分作两护龙，此是兄弟同祖宗。兄弟便为缠护龙，前迎后送生雌雄。雌若为龙雄作应，雄若为龙雌听命。问君如何辨雌雄，高低肥瘠瘦不同。低肥为雌雄高瘠，只求此处识踪迹。

随龙身上有正峰，时作星峰拜祖宗。但看护送似回龙，又有迎龙如虎踞。随龙山水皆朝揖，狐疑来处失踪迹。水口重重生异石，定有罗星当水立。罗星外面有山关，上生下生细寻觅。盖缘罗星有真假，真假天然非人力。罗星旁水便生石，罗星端正最高职。

廉贞多生顾祖龙，祖龙远远是朝峰。更有鬼脚回顾处，护送须生十数里。送龙之山短有后，抱山不抱左右手。缠龙缠过龙虎前，三重五重福延绵。缠多不许外山走，那堪长远作水口。护送托龙若十全，富贵双全真罕有。寻龙千万看缠山，一重缠是一重关。关门若有千重锁，定有王侯居此间。廉贞已具贪狼内，更述此篇为详载。有人晓得红旗星，远有威权近凶怪。权星斩砍得自由，不统兵权不肯休。若遇廉贞不起石，脚下也须生石壁。石壁是背面是平，平处寻龙出踪迹。贪巨武辅弼星行，出身生处是真星。博龙换处有九段，此是公侯将相庭。红旗气雄威武在，行兵出师骇妖怪。权星威福得自转，纵入文阶亦武威。廉良一变贪巨武，文武全才登宰辅。廉贞不作变换星，洁身乱伦弑君父。

武曲星第六

武曲星峰覆钟釜，钟釜之形有何故。钟高釜矮事不同，高即为武矮为辅。二者虽然皆吉星，大小不容有差互。武曲端严富贵牢，辅弼随龙厚薄取。真龙若行五六程，临落之时剥辅星。如梭如印如皎月，三三两两牵联行。前关后峡相引从，峡若多时龙猛勇。博到辅星三四重，仔细来此认龙踪。贪巨若无辅弼落，高岭如何住得龙。虽然辅弼是入穴，作穴随形又不同。穴随土峰作钳乳，形神大小随龙宗。圆龙忽然长拖脚，恐是鬼龙如覆杓。覆箕仰掌是鬼龙，莫来此处失真踪。请君细认前头穴，莫使参前失后空。问君何以知我落，看他尾后圆峰作。问君知我如何行，尾星摇动不曾停。前官后鬼须细辨，鬼克我身居后面。官星克我在前朝，此是龙家官鬼现。真龙落处阴阳乱，五行官鬼无相战。水龙博到火龙出，鬼在后头官出面。坎山来龙作午丁，却把地罗差使转。此是阴阳杂五行，不是龙家官鬼辨。龙家不要论五行，且从龙看分脉上。龙夺脉时是鬼气，鬼气不归龙上行。大抵正龙无鬼山，有鬼不出半里间。横龙出穴必有鬼，送跳翻身穴后环。鬼山若长夺长气，鬼短贴身如抱拦。问君如何谓之鬼，主山背后撑者是。分枝劈脉不回头，夺我正身少全气。真龙穴后如有鬼，山短枝多为雉尾。此是真龙穴后星，星辰亦有尖圆体。正龙穴后若有鬼，只只回头来护卫。若不回头卫本身，此是空亡歇灭地。问君何者是空亡，穴后卷空仰瓦势。便从鬼上细寻觅，鬼山星峰少收拾。真龙身上护卫多，山山多情来拱揖。护卫贴体不敢离，中有泉池暗流入。要识真龙鬼山短，缘有缠龙在后股。既有缠龙贴护身，不许鬼山空散漫。鬼山真去投江海，真龙气绝散漫多。如戟如矛乱走去，包裹无由奈他何。龙若无缠又无送。纵有真龙不堪用。护缠多爱到穴前，三重五重福绵延。一重护卫一代富，护卫十里宰相地。两重亦作典砖城，一重只出丞簿尉。鬼山亦自有真形，形随三吉辅弼类。九星皆有鬼形样。不类本身不入相。贪狼鬼星必尖小，武曲鬼星枝叶少。多作圆峰覆杓形，撑住在后最为妙。巨门坠珠玉枕形，贪作天梯背后生。一层一级渐低小，虽然有脚无横行。巨门多为小横岭，托后如屏玉几正。弼星作鬼如围屏，或从龙虎后横生。横生瓜瓠抱穴后，金斗玉印盘龙形。辅星多为独节鬼，三对平如写王字。三对两对相并行，曲转护身皆有意。廉文破禄本是鬼，不必问他穴后尾。破禄廉文多作关，近关太阔为散关。关门是局有大小，破禄三星多外拦。禄星无禄作神坛，破星不破为近关。善论大地论关局，关局大小水口山。鬼山形向横龙作，正龙多是平地落。平地势如蜈蚣行，却长便如桡棹形。停棹向前穴即近，发棹向后龙未停。桡棹向后忽峰起，定有真龙居此地。只看护托回转时，朝揖在前拜真气。大抵九星皆有鬼，相类相如各有四。四九三十六鬼形，识鬼便是识真精。问君如何谓之官？朝山背后逆拖山。此是朝山有馀气，与我穴后鬼一般。官星在前鬼在后，官要回头鬼要就。官不回头鬼不就，只是虚抱无落首。龙穴背后有衣裾，此是关阑多舞袖。虽然有袖穴不见，官不离乡任何爱。真气聚处看明堂，明堂里面要平阳。明堂里面停猪水，第一宽平始为贵。侧裂倾堆撞射身，急泻崩腾非吉地。请君未断左右山，先向明堂观水势。明堂亦有如锅底，横号金船龙虎里。直号天心曲御阶，马蹄直兮有曲势。明堂要似莲花水，荡归左位长公起。荡归右处小公兴，若居中心诸位贵。大抵明堂横为贵，其次之玄关锁是。荡荡直去不回头，虽似御阶非吉地。明堂要如衣领会，左纽右襟方为贵。或是曰陇与山脚，如此关阑真可喜。忽然横前无关锁，地劫风吹非吉利。请君来此细消详，更分前官并后鬼。左胁生来缙笏样，右胁生来鱼袋形。方长为象短为水，小巧是金肥是银。看此样形临局势，中间乳穴是为真。

赐带鬼形如瓜瓠，二条连移左转去。回头贴来侍从官，前案横交金玉盘。玉盘赐将金盘相，左右在人心眼上。重数如多赐亦多，一重数是金屏带。二重是屏三金带，横转穴前官转大。子孙三代垂鱼袋，右上三鱼虎身外。三代子孙赐金带，三重横盘龙外生。四重即是赐金玉，重数如多福最深。此是龙家赐带鬼，莫将龙向左边临。玉几方屏武曲形，身后是几几外屏。几屏须要问先后，未有屏先几后生。几屏如在后头托，此是公侯将相庭。破军星峰如走旗，前头高卓尾后低。两傍失险落坑陷，壁立反裂形倾欹。不知此星出六府，上有三台远为祖。然后生出六曜星，贪巨禄文廉武辅。三台星辰号三阶，六星两两鱼眼挨。双尖双圆如贪巨，却在绝顶双安排。双尖定出贪狼去，双圆生出武曲来。上台中台下台出，行到六府文昌台。文昌六星如偃月，穿星六星似环玦。平顷上头生六星，六处微堆作凹凸。凹中微起似六星，生出九星若排列。

破军星第七

破军皆受九星变。逐位生峰形象现。山形在地水在天，真气下感祸福验。尊星顿起真形了，枝叶皆是禄存占。尊星虽云有三吉，三吉之余有辅弼。不知三吉不常生，有处观来无一实。盖缘不识破军星，星说走旗拖尾出。走旗拖尾是真形，若出尊星形变生。与君细论破军体，逐一随星种类名。贪狼破军如顿起，一层一级名天梯。顶尖冲前有岩穴，伸顶犹如鸡作啼。顶头有带下岩去，引到平处如蛛丝。欲断不断马迹过，东西有显梭中丝。三吉之星总如此，此处名为吉破地。过坪过水皆如是，定有泉塘两夹随。贪下破军巨门去，去为垣局不须疑。巨门破军裂十字，顶上微圆欹侧取。势如啄木上高枝，直上高崖石觜露。此星出龙生鼎足，瓜甲巉岩若鸡距。此龙富贵生王侯，五换六移出宰辅。

禄存破军在平顶，两胁蛇行肋微露。前如大木倒平洋，生干生枝叶无数。叶中生出嫩枝条，又作高峰下平地。当知为穴亦不远，护送不来作神宇。武曲破如破橱柜，身形臃胀崩形势。前头走出鸡伸颈，岭上下来如象鼻。一高一下脚不尖，作穴乳头出富贵。

破军廉贞高崔嵬，水流关峡声如雷。辅星破军如幞头，两傍有脚如抛球。弼星破军如鲤跃，行到平中一时卓。三三两两平中行，直出身来横布脚。为神为庙为富贵，只看缠护细斟酌。缠多便是富贵龙，缠少只为钟鼓阁。

九星皆有破禄文，三吉之形辅弼尊。平行穿珠巨贪禄，阑掉尖拖是破军。吉星之下无不吉，凶星之下凶所存。况是凶龙为不穴，只是闲行引过身。纵然有穴必是假，假穴如何保久存。时师只来寻龙脉，来此峡内空低蹲。便指缠护为真气，或有远秀出他村。便说朝山朝水好，下了凶事自入门。只缘不识真龙出，前面必出星辰尊。尊星沾了死龙骨，换了破军廉禄文。破军忽然横开张，帐里戈旗出生旺。此龙出作将军形，前遇溪流为甲仗。破禄形象最为多。枝蔓悬延气少平。不为尖刀即剑戟，不作蛇行即掷梭。出逢六秀方位上，上与六气横天河。六气变而生六秀，凶星到此亦消磨。凶星消磨生吉气，定有星辰巨浪波。此是神仙绝妙法，不比寻常格地罗。与君略举大形势，举目一望皆江河。天下江山几万重，我见破军到处是。禄存文曲辅弼星，低小山形总相类。只有高山形象殊，略举大纲与君议。昆仑山脚出阗颜，只只脚是破军山。连绵走出瀚海北，风俗强悍人粗顽。生儿三岁学骑射，骨鲠刚方是此间。山来陇石尖如削，尽是狼峰更高卓。此处如何不出文，只为峰多反成浊。高山大陇峰多尖，不似平原一锥卓。行行退卸大散关，百二山河在彼间。大缠大护到函谷，水出黄河如阙环。低平渐渐出熊耳，万里平阳渐渐低。大梁形势亦无山，到此寻龙何处是。识得星峰是等闲，平处寻龙最是难。若无江流与淮水，渺渺茫茫不见山。河流冲决山断绝，又无石骨又无脉。君若到彼说星峰，一句不容三寸舌。黄河在北大江南，两水夹行势不绝。行到背脊忽起峰，兖州东岳插天雄。分枝劈脉钟灵气，圣贤多在鲁邦中。自古英雄出西北，西北龙神少人识。紫微垣局太微宫，天市天苑太行东。南龙高枝过总顶，黑顶二山雪峰盛。分出泰川及汉川，五岭分星入桂连。山行有断脉不断，直至江阴大海边。海门旺气连闽越，南水两夹相交缠。此是海门南脉络，货财文武相交错。

何处是贪何处文？何处辨认武曲尊？寻龙望气先寻脉，云雾多生是龙脊。春夏之交与二分，夜望云霓生处觅。云霓先生绝高顶，此是龙楼宝殿定。大脊微微云自生，雾气如岚反难证。生寻雾气识正龙，却是枝龙观远应。此是神仙寻地法，百里罗城不为远。知此然后论九星，要识九星观正形。因就正龙行脚处，认取破禄中间行。天下山山有破禄，破禄交横有地轴。禄存无禄只为关，破军不破只为阑。关阑之山作水口，必有罗星在水间。大河之中有砥柱，四川之口生灩滪。大姑不姑彭蠡前，采石金山作门户。更有焦山罗杀石，虽是罗星门不固。此是大寻罗星法，识者便知愚未悟。吾若论及破军星，多是引龙兼作护。大龙虽要大破军，小龙夹乱破禄文。廉贞多是作龙祖，辅弼随龙富贵生。廉贞若高龙不出，只是为应廉为门。请君看此州县间，何处不生水口山。水口关阑皆破禄，无脚交牙如叠环。或有横山如卧虎，或作重重如瓜瓠。禹凿龙门透大河，便是当时关水处。大行走出何中府，河北河南关两所。大河北来曲射东，西山作水如眠龙。马耳山枕大江口，绝无脚手为神妙。灵壁山来截淮河，更无一脚如横过。海门二山锁二浙，两山相合如环缺。文廉生脚锁缁流，横在水中为两截。大关大锁龙千里，定有罗星横截气。截住江河不许流，关住不知多少地。小罗小锁及小关，一州一县须有阑。十阑十锁百十里，定有王侯居此间。乡落罗星小关锁，枕水如戈石横卧。但看无脚是关阑，重数多少分将佐。君如能识水口山，便识天戈并禄破。

左辅星第八

左辅正形如幞头，前高后低大小球。伸舒腰长如杖鼓，后大前小驼峰俦。下有两脚平行去，或在武曲左右游。此龙如何近武曲，自是分宗为伯叔。分宗定作两贵龙，此与他星事不同。武曲两傍必生辅，不似他星变形去。左辅自有左辅形，方峰之下如卓斧。此是武曲辅星形，若是真辅不如此。真龙自作贵龙身，璞头横脚高低去。高顶高峰圆落肩，忽然堆起如螺卵。又如梨栗堆簇繁，顶上累累山结顶。断定前送深入垣。

要知此星名侍卫，入到垣中最为贵。东华西华门水横，水外四围列峰位。此是垣前执法星，却分左右为兵卫。方正之垣号太微，垣有四门号天市。紫微垣外前后门，华盖三台前后卫。中有过水名御沟，抱城屈曲中间流。紫微垣内星辰足，天市太微少全局。朝迎未必皆真形，朝海拱辰势如簇。千山万水皆入朝，入到怀中九回曲。入垣辅弼形微细，隐隐微微在平地。右卫左卫星傍罗，辅在垣中为近侍。右弼一星本无形，是以名为隐曜星。随龙博换隐迹去，脉迹便是隐曜行。只缘飞宫有九曜，因此强名右弼星。天下寻辅知几处，河北河南只三四。更有终南泰华龙，出没为垣尽如此。南来莫错认南岳，虽有弼星垣气弱。却有回龙辅大江，水口三峰卓如削。此龙俗云多辅星，又随塞垣入沙漠。两京嵩山最难寻，已被前人曾妄作。东西垣局并长江，中有黄河入水长。后山屏帐如负扆，下瞰泰淮枕水乡。辅弼隐曜入大梁，却是英雄古战场。大河九曲曲中有，辅弼九曲分入首。夫人识得左辅星，识得之时莫开口。如何识得左辅星，次第生峰无杂形。天门上头生宝殿，宝殿引生凤楼横。楼中千万寻池水，水是真龙楼上气。

两池夹出龙脊高，池中崩倾非大地。地中实是辅弼星，只分有迹与无形。有形便是真左辅，无迹便是隐曜行。纵然不大也节钺，巨浪重重不堪说。巨浪是帐帐有扛，扛曲星峰巧如缺。扛星便是华盖横，曲处星峰不作证。证出贪巨禄文廉，武破周而复始定。天戈直指破军路，此是天门龙出序。若出天门是正龙，不出天门形不真。一形不具便减力，次第排来君莫误。自贪至破为次第，颠倒乱行龙失序。一剥一换寻断处，断处两傍生拥护。旌幢行有盖天旗，旗似破军或斜去。看他横带如巨浪，浪滚一峰名出帐。帐中过去中央行，不出中央不入相。星形备具入坦行，怪怪奇奇入天象。我到京师验前说，帝垣果有星罗列。南北虽短东西长，东华水绕西华冈。水从阙口复来朝，九曲九回朝帝阙。前星俨若在南上，周召到此观天象。上了南冈望北冈，圣人卜宅分阴阳。北冈峙立天门上，分作长垣在两傍。垣上两边分九个，两垣夹帝中央坐。要识坦中有帝星，皇都坐定甚分明。君若要识左辅宿，凡入皇城辨坦局。重重围绕八九重，九重之外九重复。重出复岭看辅星，高山顶上幞头横。低处恰如千官入，载弁横班如覆笠。仔细观来真不同，应是为垣皆富局。辅为上相弼次相，破禄宿卫廉次将。文昌分明是后宫，武曲贪狼帝星样。更有巨门最尊贵，唤作极星事非诳。三垣各有垣内星，凡是星峰皆内向。垣星本不许人知，若不明言恐世迷。

只到京师君便识，重重外卫内垣平。此龙不许时人识，留与皇家镇国家。请从九曜寻剥龙，剥尽粗龙寻细迹。要识真龙真辅相，只看高低幞头样。若是辅星自作龙，隐行不识真形象。若还三吉去作龙，随龙变形却不同。贪狼多类品字立，武巨圆方三个峰。三峰节节随身转，中有一峰是正面。两傍夹者是辅星，大小尖圆要君辨。此龙初发在高山，高处生峰亦生瓣。肩瓣须明似幞头，衮衮低来是辊球。平行鲤鲫露背脊，有脚横排如覆笠。若是降楼并下殿，节节如楼下剥换。贪下剥换如抛球，尖处带脚如龟浮。此是下岭方如此，上岭逆行推覆舟。尖圆若是品字立，世人误作三台求。禄存剥换蜈蚣节，微微短脚身边立。文曲梭中带线行，曲曲飞梭草藏迹。廉下变为梳齿形，梳齿中央引龙脊。徘徊幞头如改换，行当平中断复断。破军之下夹两枪，若作天戈如走电。乱行失序出头来，又似虎狼行带箭。缠多便作断吉龙，若是无缠为道院。

右弼星第九

弼星本来无正形，形随八曜高低生。要识弼星正形处，八星断处隐藏处。隐藏是形名隐曜，此是弼星最要妙。抛梭马迹线如丝，蜘蛛过水上滩鱼。惊蛇入草失行迹，断脉断迹寻来无。脉是尊名右弼星，左右随龙身上行。行龙之时有辅弼，变换随龙看踪迹。君如识得右弼星，每到垣中多失迹。博龙失脉失迹时，地上失弦琴背觅。若识弼星隐曜宫，处处观来皆是吉。此星多吉少傍凶，画为藏形本无实。藏形之时神杀藏，却是地中暗来脉。此地平阳千百程，不然彼处却是弼。坪中还有水流坡，高水一寸即是阿。只为时师眼力浅，到彼茫然无奈何。便云无处寻踪迹，直到有山方认得。如此之人岂可言？有穴在坪原自失。只来山上觅龙虎，又要圆头始云吉。不知山穹落平去，穴在坪中贵无敌。痴师误了几多人，又道葬理畏卑湿。不知穴在水中者，如此难凭山泉湿。盖缘水涨在中央，水退即同干地力。且如两淮平似掌，也有州军落巢沥。也有英雄在彼中，岂无坟墓与宫室？只将水注与水流，两水夹流是龙脊。非惟弼曜在其中，八曜入坪皆有踪。前篇有时说平处，平里贪狼皆一同。时师识尽真龙脈，方知富贵与丰隆。

九星变穴第十

贪狼作穴是乳头，巨门作穴窝中求。武曲作穴钗钳觅，禄廉梳齿犁鐴头。文曲穴来坪里作，高处亦是掌心落。破军作穴似戈矛，两傍左右手皆收。定有两山皆护卫，不然一水过横流。辅星正穴燕巢仰，若在高山挂灯样。落在低平是鸡巢，纵有圆头亦凹象。此是博换寻星穴，寻穴随龙细辨别。龙若真兮穴亦真，龙不真兮少真穴。寻龙虽易裁穴难，只为时人昧剥山。剥龙换骨星变易，识得疑龙穴不难。古人望龙知正穴，盖将失龙寻换节。识得龙家换骨星，富贵令人无歇灭。

综 论

寻龙且用依经诀，好把星峰细辨别。龙行上应三吉星，儿孙世代产贤哲。次第发出有尊卑，初龙小巧真龙拙。一起一伏名差殊，变换之中分骨节。有乳有节足安坟，气候潜藏寻取穴。吉星之下节目奇，凶星之下节目劣。崩洪节目最为强，气脉相连无断绝。

龙星自有真峰应，雌山低弱雄山胜。行龙虽贵骨节奇，入穴须教骨节称。不欲山曲如反弓，不欲山直如伸颈。吉星吉兮凶星凶，不由人使由天定。时师未识七星形，为作歌兮切须听。

贪狼一木势尖强，鬼星秀丽足文章。或然丫角牙丫起，明经魁选细推详。七峰八峰磊落去，龙图学士富文章。左穿右博烈笔阵，行龙旌节如旗抢。其间定有神灵应，或然世代生王侯。若作天马腾跃起，富虽不巨盈千仓。若作牙笋攒地面，文武官显居朝堂。不世富贵驰声誉，更兼福禄寿而昌。巨门一土少人知，端正秀丽如蛾眉。有时覆月出天外，有时隐隐生平夷。挺生英杰事明主，忠良正直如皋夔。悬锺顿起高耸起，富贵兼全声闻美。牛奔象舞势勇猛，授钺阃外无复疑。忽然垒垒空碧，小更良兮高更奇。斯地勿论富与贵，神仙出世同安期。肥厚遥长子孙远，势若短尖多亏盈。武曲之星号一金，卓圭立笏高千寻。定主兵权富韬略，登坛既拜夷狄饮。棱层高耸立屏障，文华秀发称儒林。簇簇楼台高且壮，危岩古怪当天地。此地葬之勿犹豫，世代荣贵辉古今。便以方冠清且巧，三五相连罗碧岑。子孙聪明复秀丽，芝兰庭砌何森森。

禄存一土君切忌，丑恶崩欹不绵媚。高峰孤起如拈拳，低山卑湿如牛鼻。或若棺材随水流，或若死尸卧平地。自然亏缺不足看，疾病颠狂遭劓刖。儿孙佣懒走他州，淫欲奸偷总连累。

文曲一水何孤单，生枝生足如蜒蚰。乱花丘垅不接续，三三五五飞翩翩。也似惊蛇初出草，也如鹅颈榨流泉。坑溪反背无收拾，纵然收拾还挛拳。此地葬这主游荡，男不忠兮女不贤。

廉贞独火大凶灾，高尖丑恶空崔嵬。生枝发足桃符起，首尾分张两畔开。形似垛甲势分列。质不清兮浊似血。毛发焦枯气脉散，水流滞急声如雷。瘟死尽兼官祸，败国亡家真可哀。

破军二金招凶恶，山猛阴阳各差错。峰峦突兀乱石冈，不然破碎连基凿。也作竹篙马鞭势，也作兵戈与绳索。左崎右险举头看，入穴葫芦块然落。明堂倾陷水潺潺，龙虎二山伸两脚。若犯此星甚乖张，当代儿孙见销铄。辅弼常随七星转，多在明堂左右见。有时脱体醮清波，形势或作阑圈西。或见龟蛇或见鱼，迎山连接如丝线。山厚山肥人多丰，山薄山走人奸贱。须教闭密不通风，莫令大开水流溅。

三盖吉星随龙入，磊落雄岩形卓立。或作高峰势插天，或在明堂皆顿集。或在水口相举连，或在辅弼山头立。或然隐隐在溪坑，胎息成龙势藏蛰。大成州郡产英豪，小作乡村兼镇邑。定知世代禄绵绵，文韬武略精传习。七星变化无穷极，体样相同人未识。四维八干十二枝，博换化身百千亿。本自二源分派殊，不得明师述大惑。但将分受细推寻，何用劳心更劳力。凶祸之星凶祸生，福德之星招福德。造化元来指掌间，此是神仙真法则。

杨筠松代表作：杨婆墓

如杨婆墓，该地在泰宁，土名洪港口。其龙乃南干正条，穿草坪峡后少华大旺处分正脉，巍峨广袤，绵亘盘旋数百里，极其高大，非足力所能及，一枝一叶，皆甚长远。入局起涨天水星，横列十数里，帐之中垂落一脉，欲断不断，复顿高金，贴在帐下，圆满光肥。两畔帐带如垂丝串珠者数十条，护从繁华。于高金星面微开小窝，在上聚处结穴，弦棱伶俐，两掬弯环，窝间平坦圆整，不深不阔，宛然如燕巢，仅可藏车隐马。龙势雄大，穴情小巧，真贵格也。不假外山包裹，穴自周密藏聚，天然可爱。穴前又平坦数尺，下注嘉泉，广不盈亩，四时不涸不溢。堂前一山，近可攀摘，秀媚方平，不迫不欹，整然端拱。外洋及左右一切山水俱所不见，恬然安静，如坐密室。而后枕大帐，高贴有力，不啻端居帷幄之中。外面诸山，重重叠叠，拥护罗列，合沓暗拱，有万卒影从之势。两溪夹送龙身，交会于五里外，水口诸山，皆大龙交缠。惟火结在山腰下，余气甚长，难免倾跌，虽穴高而藏，不知外面有倾跌之患，终是离乡方贵。局龙势牵连，煞气未净，高金结穴，又是武星，金旺于西，金脉入首，扦卯向，宜以武取贵。居乡传杨筠松公避黄巢乱，过此爱之，求以葬母。后其孙有为麟州刺史者，值时乱，天下分南北莫能归，遂居太原，世为边将，即宋朝杨无敌，杨家将等。

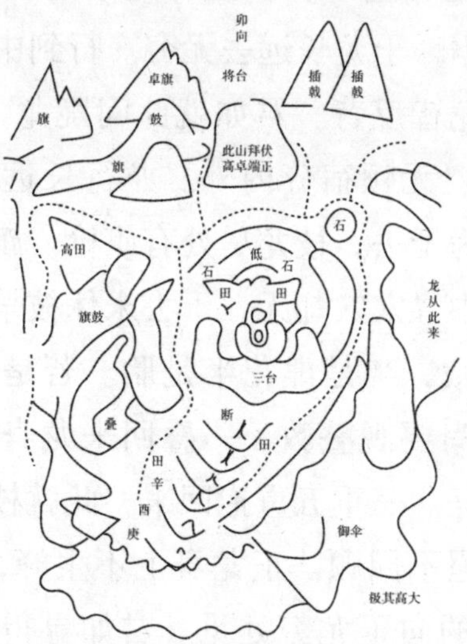

杨婆墓

疑龙经

唐　杨筠松著

上　卷

疑龙何处最难疑，寻得星峰却是枝。关峡从行并护托，矗矗枪旗左右随。干上星峰金不作，星峰龙法近虚词。与君少释狐疑事，干上寻龙真可据。干龙长远去无穷。行到中间阳气聚。面前山水又可爱，背后护龙皆反背。君如就此问疑龙，此是干龙迎送队。譬如赍粮适千里，岂无顿宿分内外。龙行长远去茫茫，定有参随部位长。凡有好山为干去，枝龙尽处有旗枪。旗枪也是星峰作，圆净尖方高更卓。就中寻穴穴却无，干去未休枝早落。

枝龙身上亦可裁，半是虚花半是胎。若是虚花无朝应，若是结实护送回。护缠尚要观叠数，一叠回来龙身顾。莫便将为真实看，此是护龙叶交互。三重五重抱回来，此就枝龙腰上做。干龙尤自随水去，护送迢迢不回顾。正龙身上不生峰，有峰皆是枝叶送。君如见此干龙身，的向干龙穷处觅。君如寻得干龙穷。二水相交穴受风。风吹水劫却非穴，君如到此是疑龙。请君看水交缠处，水外有山来聚会。翻身顾母顾祖宗，此是回龙转身处。宛转回龙是挂钩，未作穴时先作朝。朝山皆是宗与祖，不举千里远迢迢。穴前诸官皆拜揖，千源万派皆朝入。此是寻龙大法门，两水夹来皆转揖。

寻龙何处使人疑，寻得星峰却是枝。枝中乱来无正穴，真龙到处又疑非。只缘不识两边护，却爱飞峰到脚随。飞峰斜落是龙脚，脚上生峰一达卓。真龙平处无星峰，两边生峰至难捉。背斜面直号飞峰，此是真龙夹从龙。一节生峰一节插，两节虽长号宽峡。峡长绕出真龙前，背后星峰又可怜。到此狐疑不能识，请向正龙寻两边。两边起峰为护从，正龙低平最贵重。星峰两边转前揖，揖在穴前为我用。问君州县正身龙。大浪横江那有峰。起峰皆是两边脚，去为小穴为村落。如此寻龙看两边，两边生脚未尝偏。正身绕却中央去，禄破文廉多作关。关门是为有大小，破禄二星外为拦。禄存无禄作神坛，破军不破作近关。要寻大地寻关局，关局大小水口山。

大凡寻龙要寻干，莫道无星又无换，君如不识枝干龙，每见于龙多诞漫。不知斡长缠亦长，外山外县山为伴。寻龙千里远迢递，其次五百三百里，先就舆图看水源，两水夹来皆有气。水源自是有长短，长作军州短作县。枝上节节是乡村，干上时时断复断。分枝劈脉散乱去，干中有枝枝复干。凡有枝龙长百里，百里周围作一县。百里各有小于龙，两水峡来寻曲岸。曲岸有水抱龙头，抱处好寻气无散。到此先看水口山，水口交牙内局宽。便就宽容平处觅，左右周围无空阔。断然有穴在此处，更看朝水与朝山。朝水与龙一般远，共祖同宗来作伴。客山千里来作朝，朝在面前为近案。如有朝迎情性真，将相公候立可断。

寻得真龙不识穴，不识穴时总空说。识龙识穴始为真，下着真龙官不绝。真龙隐拙穴难寻，惟有朝山识幸心。朝若高时高处点，朝着低时低处针。朝山亦自有真假，若是真时特来也。若是假时山不来，徒爱尖圆巧如画。若有真朝来入怀，不必尖圆如龙马。

惟要低昂起伏来，不爱尖倾直去者。直去名为坠朝山，虽见尖圆也是闲。譬如贵人背面立，与我情意不相关。亦有横列为朝者，若是横朝似衙嗜。前山横过脚分枝，枝上作朝首先下。首下作峰或尖圆，双双来朝列我前。大作排牙小作列，如鱼骄头蚕比肩。朝馀却去作水口，与我后缠两相凑。交牙护断水不流，不放一山一水走。

到此寻穴定明堂，明堂横直细推别。横城宽抱有垣星，更以三垣论交结。交结多时垣气深，交结少时垣局泄。长垣便是横朝班，局心便是明堂山。钩铃垂脚向垣口，北面重重尊圣颜。大抵山形虽在地，地有精光属星次。体魂在地光在天，识得星光真精艺。明堂惜水如惜血，穴里避风如避贼。莫令穴缺被风吹，莫使溜牙遭水劫。问君如何辨明堂，外山抱里内平洋。也有护关亦如此，君若到此细推详。时师每到关峡里。山水周围秀且丽。踌躇四顾说明堂，妄指横山作真地。不知关峡自周围，只是护关堂泄气，泄气之法妙何观，左右虽回外天拦。此是正龙护关峡，莫将堂局此中看。与君细论明堂样，明堂须要之玄放。明堂远曲如绕绳，远在穴前须内向。内向之水抱身横，对面抱来弓带象。上山下来下山上，中有吉穴随形向。

形若真时穴始真，形若不真是虚诳。虚诳之山看两边，两边虚空亦如然。外缠不转内托返，此是贵龙形气散，龙虎背后有衣据，此是官关拜舞袖。虽然有袖穴不见，官不离乡任何受。贵龙行处有毬褥，毬褥之龙富贵局。问君毬褥如何分，龙下有坪如鳖裙。譬如贵人有拜席，又如僧道坛具伸。真龙到穴有洄褥，便是枝龙山富足。此是神仙识贵龙，莫道肥龙多息肉。瘦龙虽是孤寒山，也有瘦龙出高官。肥龙须作贵龙体，也有肥龙反凌替。问君肥瘦如何分，莫把雌雄妄轻议。大戴亦当有此言，溪谷为牧低伏蹲。冈陵为牡必雄峙，不知肥瘦有殊分。汉儒以山论夫妇，夫山高峻妇低去。此是儒家论尊卑，便是龙家雌雄语。大抵肥龙要瘦护，瘦龙也要肥龙御。瘦龙若有咽褥形，千里封候居此地。

敢将禹迹来问君，舆图之上要细论。寻龙论脉尤论势，地势如何却属坤。若以山川分两界，黄河川江两源派。其中有枝济与河，淮汉湘水亦长源。干中有枝枝有干，长者入海短入垣。若以斡龙会大尽，太行喝石至海孺。又有高山入韦领，又分汝颖河流吞。南干分枝入海内，河北河东皆不背。葱领连绵入桂连，又入衡阳到江边。其间屈曲分臂去，不知多少枝叶繁。又分一派入东海，又登竭石会为垣。一枝分送人海门，干龙画在江阴坟。若以斡龙为至贵。东南沿海天中草。如河坦星不在彼，多在枝龙身上分，到波枝干又难辩，枝上多为州与县。京都多是在中东。海岸山穷风荡散。君如要识枝干龙，更看疑龙中下卷。

中卷

虽然已识枝中干，长作京都短作县。枝中有干干有枝，心里能明口能辨。只恐寻龙到此穷，两水夹来风荡散。也有方州并大邑，直到水穷山绝献。也有城隍一都会，深在山原隈僻畔。今日君寻到水穷，砂砾坦然缠护窜。右寻无穴左无形，无穴无形却寻转。寻转分枝上觅穴，惟见纵横枝叶乱。也识转唤也识缠。也识护托也识缠。只是弧疑难捉穴，穴若假时无正案。到此之时心生疑，若遇高明能剖判。为君决破之疑心、枝干乱时分背面。假如两水夹龙来，便看外缠那边回。缠山缠水回抱处，背底缠山缠水限。护缠亦自有大小，大小随龙长短来。龙长缠护亦长远，龙短缠护亦近挨。大抵缠山必回转，莫把明堂向外裁。曲转之形必是面。只恐进山塞不开。寻得缠护分明了，更看落头寻要妙。缠出缠水如衣屏，向前宽阔看多少。缠水缠山作案山。只恐明堂狭不宽。山回水抱虽似面，浪打风吹岩壁寒，请君来此看背面，水割石岩龙背转。若是面时宽且平，若是背时多陡岩。面时平坦中立穴，局内必定朝水缓。萦纡怀抱入怀来，不似背变风荡散。君如识得背面时，枝干寻龙无可疑。宽平大曲处寻穴，此为大地断无疑。详看朝迎在何处，中有横过水城聚。背后缠水与山回，相合前朝水相随。后缠抱来结水口，前头生脚来相凑。两山丙不作一关，更看罗星识先后。罗星亦自有首尾，首逆上头尾拖水。如此地穴与寻龙，不落空户与失踪。秤定上下左右手，的有真龙在此中。忽然数山皆逼水，水夹数山来相从。君如看到护送山。上坡下坡事一同。无疑上坡是真穴，看来下坡亦藏风。二疑更看上下转，山水转抱是真龙。夹龙自上亦作穴，此处恐是双雌雄。虽作两穴分贵贱，分高分下更分中。也有真形无朝水，只看朝山为近侍。朝水案外暗循环，此穴自非中下地。吸爱案山逼水转，不爱顺流随水势。顺流随水案无力，此处名为破城里。若是逆水作案山，关得处垣无走气。也有真形无朝山。只要诸水聚其间。汪汪万顷明常外，内局周回如抱环。钩钤键闭不漏泄，内气无容外气残。外阳朝海拱辰入，内气端然龙虎安。枝干之龙识背面，位极人臣世袭官。

总饶已能分背面，面得宽平背崖岩。假如两水夹龙来、屈曲翻身势大转。一回顿伏一翻身，一田转换一回断。两边皆有山水朝，两边皆有水抱岩。两边皆有穴形真，两边皆有穴形真，两边皆有山水案。两边朝迎皆可观，两边明堂皆入选。两边缠护一般来，两手下边皆回转。此山背面未易分。心下狐疑又能判。不应两边皆立穴。大小岂容无贵贱。只缘花穴使人疑。更看护身脚各辩。莫来此处谈真龙。两水夹来龙必转。逆转之龙有鬼山，鬼山拖脚皆后环。识得背面更识鬼，识鬼之外更识官。大凡干龙行尽处，外山隔水来相顾。干龙若是有鬼山，回转向前宽处安。凡山大曲水大转，必有王候居此间。也有干龙夹两水，更不回头直为邀。只是两护必不同，定有护关交结秘。干龙行尽若天鬼，须看众水聚何处。众水聚处是明堂，左右交牙锁真气。如此明堂虽是真，锁结交牙诚可贵。

问君疑龙何处难，两水之中必有山。两山之中必有水，山水相夹是机源。假如十条山同聚，必有十水归一处。其间一水是出门，九山同来作门户。东行看西西山好。西上看东东山妙。南山望见北上山，山奇水秀疑似间。北上看见南山水，矗矗尖奇秀且丽。君如遇见此处时，两水夹来何处是？与君更为何分别，先分贵贱星罗列。更须参究龙短长，又看顿伏星善良。尊星不青为朝见，从龙虽来挠掉藏。贵龙重重出入账，贱龙天帐空雄强。十山九水难同聚，贵龙居中必异常。问君如何分贵贱，真龙不肯为朝见。凡有星峰去作朝，此龙骨里福潜消。譬如吏兵与臣仆，终朝跪起庭前杖。那有精神立自身，时师只说同关局。朝山护送岂无穴，轻重金与贵龙别。龙无贵贱只论长，缠龙远出前更强。若徒论长不论贵，缠龙有穴反为良。中恐寻龙易厌口，虽有眼力无脚力。

若不穷源论祖宗，也寻顿伏识真踪。古人寻龙寻顿伏，盖缘顿伏生尖曲。曲转之徐必生枝，枝上必为小关局。譬如人行适千里，岂无解鞍并顿宿。顿宿之所虽未住，亦有从行并部曲。顿伏移换并退卸，却看山面何方下。移换却须寻回山，山回却有迎送还。迎送相从识龙面，龙身背上是缠山。缠山转来龙抱体，此中寻穴又何难。古人建都与建邑，先寻顿伏识龙关。升虚望楚与涉懒，此是寻顿与山面。降观于桑与降原，此是寻伏下平田。度其夕阳挨以日，南北东西向无失。乃涉南冈景于京，此是望穴识龙形。险彼百泉观水去，陈彼溶原观水聚。或险南冈与太原，是寻顿伏非苟然。古人卜宅贵详审，经旨分明与后传。

下卷

龙已识真无可疑，尚有疑穴费心思。大抵真龙临落穴，先为虚穴贴身随。穴有乳头有钳口，更有平坡无左右。亦有高峰下带垂，更有昂头居陇首。也曾见穴在平洋，四畔周围无高冈。也曾见穴临水际，俗人见穴无包藏。也曾也穴如仄掌，却与仰掌无两样。也曾出穴直如枪，两水射胁自难当。更有两山合一气，两水三山同一场。君如识穴不识怪，只爱左右抱者强。此与俗人无以异，多是葬在虚花里。虚花左右似有情，仔细辨来非正形。虚穴假穴更是巧，仔细看来无甚好。怪形异穴人厌看，如何子孙世袭官。只缘怪形君未识，识得裁穴却无难。

识龙自合当识穴，已在《变星篇》内说。恐君疑穴难取裁，好向后龙身上别。龙上生峰是根口，前头结穴是花开。根口若真穴不假，盖从种类生出来。若不随星识根种，妄随虚穴凿山限。请君孰认《变星篇》，为钳为乳为分别。高低平地穴随身，岂肯妄下钳乳穴？穴若不随龙上星，断然是假不是真。请君更好旧坟覆，贪星是乳巨钤局。

外县京国多平洋，也有城邑在高岗。淮甸州县在水尾，夔峡山岭是城隍。随他地势看高下，不可执一拘挛也。千万随山寻穴形，此说断能辩真假。冀州壶口落低下，盖缘辅弼为垣马。太原落处尖似枪，盖缘廉破龙最长。建康落在坡平地，盖缘辅弼星为体。太原平坦古战场，熊耳为龙星可详。长安帝垣星外峙，巨武竹龙生出势。京师落在垣局中，狼星夹出巨门龙。太行走入河中府，入首连生六七存。入首虽然只是山，落处却在回环间。此与窝钳无以异，只在大小识形难。

我观星辰在龙上，预定前头穴形象。为钳为乳或为坡，或险或夷或如掌。历观龙穴无不然，大小随形无两样。此是流星定穴法，不肯向人谩空诳。更有二十八舍间，星穴裁之最为上。大凡识星方识龙，龙神落穴有真踪。真踪入穴有形势，形势真时寻穴易。若不识形穴难寻，左右高低如何针？且如龙形有几样，近水近山随物象。如蛇如虎各有穴，形若真时穴可想。龙有耳角与腹肠，鼻颡如何却福昌。虎有鼻唇并眼耳，肩背如何却出贵？

看他形象宛在中，最是朝山识正龙。高低只取朝山定，莫言三穴有仙踪。千里来龙只一穴，正者为优旁者劣。枝上有穴虽有形，不若干龙为至精。龙从左来穴居右，只为回来方入首。龙从右来穴居左，只为藏形如转磨。高山万仞或低藏，看他左右及外阳。左右低时在低处，左右高时在高冈。朝山最是龙正穴，不必求他金尺量。正穴当朝必有将，有将便宜为对向。穴在南时北上寻，穴在北时南上望。朝迎矗矗两边摭，向内有如鸡见蛇。对面正来不倾仄，才方移步便欹斜。只将对将寻真穴，将若真时穴最佳。

乳头之穴怕风缺，风若入来人绝灭；必须低下避风吹，莫道低时鳖裙绝。钳穴如钮挂壁限，惟嫌顶上有水来；钗头不圆多破碎，水倾穴内必生灾。仰掌要在掌心里，左右挨排恐非是。窝形须要曲如窠，左右不容少偏陂；偏陂不可名窠穴，倒仄倾摧祸奈何！尖枪之穴要外裹，外裹不牢反生祸；外山抱裹穴如枪，左右抱来尖不妨。山来雄勇势难竭，便是尖形也作穴。只要前山曲抱转，针着正形官不绝。穴法至多难具陈，识得龙真穴始真。

真形定是有真案，三百余形穴穴新。太凡寻穴非一样，降势随形合星象。譬如铜人针炙穴，穴的宛然方始当。忽然针灸失真机，一指隔差连命丧。大凡立穴在人心，心眼分明巧处寻。重重包裹莲花瓣，正穴却在莲花心。真龙定是有真穴，只为形多难具说。朝迎护从亦有穴，形穴虽成有优劣。朝迎若是有真情，此是真龙断不疑。朝迎逆转官星上，小作星形分别枝。虽然有穴非大器，随形斟酌事随宜。

大凡有形必有案，大形大穴如何断？譬如至尊坐明堂，列班排牙不撩乱。出人短小与气宽，皆是明堂与案山。明堂宽阔气宽大，案山逼迫人凶顽。案来降我人慈善，我去伏案贵人贱。龙形若有云雷案，人善享年亦长远。虎蛇若遇蛤与狸，虽出武权势易衰。略举些言以为例，请君由此细寻推。周家农务起后稷，享国享年延八百。秦人关内恃威权，蚕灭诸侯二世绝。此言虽大可喻小，嵩岳降神出申伯。大抵人是山川英，天降圣贤为时生。祖宗必定有山宅，占得山川万古灵。

附　疑龙十问

一问：抱养及僧道嗣续疑龙如何？

问君葬者乘生气，骨骸受福荫遗体。此说尚有一可疑，抱养之儿非己子。僧道嗣续是外来，如何却也能承继？与君详论古人言，举此大略非徒然。骨骸受气荫遗体，此理昭我不容议。却将僧道并抱养，辨论如何同己子。此说诚然是可疑，固宜穷理细寻推。人家生出英豪子，便是山川锺秀气。山川灵气降为神，神随主者家生人。此山此穴认为主，即随香火降人身。古人尝有招魂葬，招魂天人可为样。招魂葬了祀事严，四百年间汉家旺。何拘骸骨葬亲生，只要祀事香火明。亦有四五百年祖，棺椁骸骨化为土。子孙千百尚荣华，人指此山谁是主。此山此穴有主者，神灵只向此家住。山川秀丽来为嗣，岂虑其家无富贵？山川日夜有朝迎，生出为人亦如是。乃知抱养与亲生，同受生灵无以异。故人接花接果义，与此相参非与是。后母却荫前母儿，前母亦荫后母子。只缘受恩与受养，如同所生并同气。以此言之在继承，只与香火无衰替。乃知招魂与抱子，僧道相承皆类此。

二问：公位疑龙如何？

问君如何分公位，父母生时无少异。间或生时有爱憎，死后何由别荣悴？譬如一木同根生，一枝枯悴一枝荣。荣者芳日夜长，悴者日就枯槁形。此后遂有公位议，分长分中分少位。爱憎之说起于心，荣枯之说归于地。心有爱憎死却无，地有肥硗此近似。东根肥即东枝荣，西枝硗云西枝瘁。要知此说未为当，似是如非当究理。左长前中右少位，此说当初自谁起。请君来此细排详，因别长男中少位。震为长子居左方，坎为中男坐来冈；艮为少男坐东北，干统三男居坎傍；坤为地母西南位，长女东南中午地；兑为少女在西方，此是乾坤男女位。若以此法论阴阳，男居左傍女西厢。中子后龙中女向，自有次第堪推详。爰自萧梁争公位，却以玉鹅埋震地。震为长子起春宫，遂起争端谋玉器。公位之说起于斯，断以长震中居离。少居兑位四同长，五与二位分毫厘。六与少男无差别，七与长男同共说。八与五位共消详，九与三男排优劣。此是河图分九宫，上远一四七相同。中元二五八同位，下位三六九连此。后来执此为定议，只就河图分次第。

三问：公位盛衰疑龙如何？

问君公位虽能别，或盛或衰是何说？也有先盛后来衰，也有衰尽复萌孽。此理如何合辨明，时师廖以水宫折。不知年久世成深，岂有长盛无休歇？山川之秀虽盘固，气盛气衰有时节。代代长盛者无他，后来接续得吉多。衰者后来无救助，年深气歇渐消磨。凡言公位勿固执，先看其人数代祖。新旧数坟皆是真，新者必为旧者助。如是之家世民昌，福禄未艾不可量。是真不必问大小，积小成大最为妙。是者一坟非者多，纵有大地力分了。譬如杯水救薪火，水少火多难救祸。是多非少反成吉，譬如众水成江河。岂无一穴分公位，不取众坟参合议。大地难得小易求，积累不已成山丘。众坟合力却成大，人说小地生公侯。那堪大地有数穴，世世公侯不休歇。凡观巨室着姓家，必有大地福无涯。子孙百世虽分散，内有救地多荣华。一穴大地荫十世，小地千坟亦如是。骐骥千里进一日，驽马十驾亦追至。图大不得且思次，此事当为知者议。

四问：阳宅阳宅疑龙如何？

问君阳宅要安居，此与安坟事一如。人家无坟有善宅，宅与阴地力无珠。大凡阳宅性穴小，穴小只宜安坟妙。小穴若为轮奂居，气脉伤残俱凿了。况是子孙必众多，渐次分别少比和。一穴裂而为四五，正偏前后岂无讹？大凡阳宅要穴大，宽阔连绵又平伏。前头横玉面前宽，可为市井于内外。如此方为阳宅居，窄小难容君莫爱。

五问：阳宅阳地大小如何？

问君阴阳有两宅，古人此事要分别。吕才详论有成书，论已分明无别说。要知居止只要势，水抱山朝必有气。忽然陡泻朝对倾，破碎斜倾非吉地。下手回环朝揖正，坐主端严无返柄。纵饶小大也安和，住得百年家业盛。葬穴宜小居穴大，葬穴侧立居穴宽。

六问：主客山疑龙如何？

问君主客皆端正，两岩尖圆两相映。主是三山品字安，客亦三山形一般。客山上见主山好，主山上见客山端。此处如何辨宾主，只将水抱便为真。水城反背处为客，多少时师误杀人。凡观疑穴看堂局，堂局真处抱身曲。忽然平过却如何，即以从缠分部属。缠送护托辨假真，朝山无从托龙身。朝山直来身少曲，真龙屈曲不朝人。

七问：形真假疑龙如何？

问君龙固有枝干，识得枝中干分乱。故为干上忽生枝，枝上连生数穴随。此是枝龙间旺气，譬如瓜蔓始生枝。分枝枝上连生子，生子之形必相似。或如人形必数穴，禽兽之形必同列。凡为形穴必两三，盖缘气类总如一。是故流形去结实，连生种类配偶匹。蛇形必定有雌雄，虎形相配无单只。大山峡里莫寻蛇，恐是高山脚溜斜。若是真蛇有鼠蛤，如无鼠蛤是虚花。或是蜈蚣出面来，亦有蚰蜒为案砂。大山猛勇莫言虎，恐是朝迎为主住。重峰拜舞似虎行，若是真虎无阙屏。更有肉堆狮子案，如无此案是朝迎。凡辨真假易分判，若是假穴无真案。若是真形案必真，人形人物两相亲。兽形降伏如贪噬，禽形必有条为系。龙形云雷象近水，月形星案前陈起。凡是真形有真案，试以类求当识算。

八问：干作枝衰疑龙如何？

问君前经论贵贱，上是侯藩次州县。干龙多是生王侯，枝作干龙亦蕃衍。此说分明尚有疑，试举一说为君辨。前言盛衰固有为，枝上又生数条枝。节节为龙自有穴，已作未作气自随。胡为上作下必歇，亦有下作上必衰。既饶气脉相连接，自有气脉非相依。如何盛衰尚关属，为君决此一狐疑。盖小枝龙气脉短，又出小枝无转换。随龙附气气不长，大势上连枝上干。干头未作枝先兴，枝上未作干先荣。枝上未作干后作，干长枝短力难争。恰似一瓶生数嘴，嘴小口大生水利。不从口出嘴长流，口若尽倾嘴无水。又如大树生小枝，小枝易瘦大枝肥。大枝分夺全气去，小枝不伐自衰羸。更看新作与旧作，年年深浅自可知。

九问：穴有花假疑龙如何？

问君前论穴难寻，唯有朝山识幸心。高低既以朝为定，真穴自可高低计。只缘前后有花假，假穴在后亦堪下。花穴多生连案前，朝山对峙亦如然。若将前相为证验，前后花假便不偏。到此令人心目乱，更有一说与人宣。假穴断然生在后，龙虎虽端涯必溜。穴中看见龙虎回，外面点检山丑走。花穴如何生在前，盖缘连臂使其然。连臂为案横生穴，案外有脚铺茵毡。其间岂无似穴者？但见外朝尖与圆。疾师误认此花穴，不知真穴秘中垣。前花后假人少识，此法元来秘仙籍。景纯虽然不着书，今日明言不容惜。花穴最是使人迷，后龙断妙朝又奇。如何使人不牢爱，只有一破余皆非。案山必然向里是，花穴无容有回势。朝山只有顶尖圆，定有脚手丑形随。若登正穴试一看，呼吸四围无不至。又有花穴无人知，龙虎外抱左右飞。盖缘正穴多隐秘，或作钗钳或乳垂。龙虎数重多外抱，龙上看虎左右归。虎上见龙左右抱，或从龙虎上针之。不知止穴尚在内，凡是穴郛曲即非。曲是抱里非正穴，请君以此决狐疑。

十问：博换疑龙如何？

问君寻龙莫失踪，三吉自有三吉峰。前去定作贪狼体，时时回顾火星宗。及至剥入辅弼去，犹作小峰顾祖宗。如何变星剥换了，却与前说事不同。盖缘干龙行千里，一剥一换一峰起。由贪入巨入禄文，次第变入廉武里。破军尽变入辅弼，每星十二大盘屈。蛇行鹅顶鹤爪分，失落低平骏马奔。如此行来又数程，博换变易又前行。前行直到藩垣里，四外有山关水至。低平尚有辅弼形，此是入垣寻至止。干龙行不问祖宗，枝上顾祖却不同。干上剥换节节去，枝上落穴必顾宗。干龙一变少亦九，多者或至十二重。一星十二节始变，周而复始换头面。贪尖巨方小卧蚕，如此周围换尽贪。换贪若尽即入巨，亦如贪狼数节去。多至十二少九变，却变禄星分台去。禄存节数如贪巨，换了文廉又至武。博换若周即转星，辅星三四弼起程。弼星入手必平漫，辅星入首多曲形。此是变星变尽处，变尽垣城四外迎。凡观一星便观变，识得变星知近远。远从贪起至破军，换尽龙楼生宝殿。虽然高耸却不同，还是尖峰高山面。一博一换形不同，岂可尽言顾祖宗？君如识得变星法，千里百里寻来龙。谁人识得大龙脊，山正好时无脚力。裹费不惜力不穷，其家世代腰金紫。凡看变星先看断，断处多时星必变。如此断绝曲屈行，高入青冥变鹤形。鹤形渐低必断绝，断绝复起是变星。却从变星辨贪巨，或是廉文武禄存。只以变星逆求程，识得变星节数法。不必论程穷脚力，只从变尽至弼星。岂愁不识得垣城？

附　卫龙篇

辅弼入垣星既晓，缠送护托皆明了。如何尚有傍明星，此星能明最精妙。左侍右卫形如何，此龙生处苦无多。除却天池并夹辅，高山顶生有平波。天地之水满则溢，侍卫之水随龙入。深入坎井不闻声，恰似尾闾没无疏。道是天地又却非，二山环合使人疑。不知龙自不央过，两边侍卫贴身随。要在前侍并后卫，只有一丛贴身体。正龙高枝侍卫低，前池未满后池继。看来彷佛似天地，只有流泉活处低。或由田源水入次，或有干窠如环随。两池相逐前后卫，两池相夹左右同。此是贵龙亲待卫，高处是首低是尾。只观水流与不流，水若深潜是卫气。龙身若有此真形，一百里外垣城生。分垣远去似不顾，垣穷尽处面前横。垣中横水从中过，远缠如带五里生。坦前外列如打围，坦气足时无缺破。垣前水直入垣来，曲转东西垣亦开。却有随龙小溪涧，弯环抱体常低徊。横城水绕太微势，直朝射入紫垣气。百源来聚天市垣，一水抱曲是天园。更有天苑内无润，却有大水环三边。平洋宛然是紫气，河中河曲是天市。关中只是天苑垣，伊洛亦合是天肆。京师华盖是前星，东京三水入中庭。燕山最高象天市，天市碣石转抱萦。太行之东有天市，马耳峰上有侍卫。长江环外有三结，三结坦前水中列。中垣巳是帝王州，只是垣城气多泄。海门环合似天市，天目天池生侍卫。万里飞腾垣外色，海外诸峰补垣气。盛衰长短固有时，亦是山川积气围。略举诸垣与君说，更有难言谁得知？上相次相既列上，上将次将必也两。上卫次卫必居中，所论卫龙合天象。山川之气上为星，星辰列次应出形。仰观星象储察理，卫龙内坚随龙行。只是贴身不关峡，以此可见天地情。略言侍卫贴龙体，详别流星入无底。卫山环合夹龙身，此是垣关常紧闭。屠龙不如且抵，多龙少却成痴。大言无当下士笑，或笑或取吾何辞。

附　变星篇

疑龙尽说总无疑，直龙藏幸便宜知。识得真龙结作处，岂逃真假干兼枝。贪狼一变巨门星，星方磊落如屏形。顿笏顿钟如顿鼓，辅弼随行变禄存。禄存带禄为异穴，异穴生成鹤瓜形，鹤爪之形两边短，一距天然撑正身。此是禄存带禄处，长短之穴为正形。起顶或成衣冠吏，短短低生左右臂。左臂短如插笏形，右臂短如佩鱼势。时师至此多狐疑，却嫌龙虎不缠卫。也有龙虎两头尖，左纽右纽休要嫌。也有龙虎生石觜，时师到此何曾喜。也有穴在大石间，也有穴在深潭里。也有左长右枝短，也有左短右枝长。也有主山似牛轭，也有前案如拖枪。世俗庸师多不取，那知异穴生贤良。有如贪狼变文曲，撒网之形非碌碌。撒网之形似牛皮，不着绯衣多食禄。有如贪变破军相，天梯隐隐如旗样。旗山若作盖天旗，旗下能生君与相。有如破军变贪狼，贪狼入穴如拖枪。拖枪之穴人嫌丑，只缘缠护两山长。贪变廉贞梳齿样，长枝有穴无人葬。人言龙虎不归随，那知葬了生公相。变作辅星〔下有缺文，字数不详〕变星篇，但是阴阳地理仙。凡遇龙神都照破，只缘心镜已昭圆。

葬法倒杖

唐　杨筠松著

认太极

穴场金鱼水界。圆晕在隐微之间者，为太极。上是微茫水分，下是微茫水合。合处为小明堂，容人侧卧，便是穴场。有此圆晕则生气内聚，故为真穴，立标枕对于此而定。无此者，非也。若晕顶再见一二半晕如初三夜月样者，名曰天轮，影有三轮者，大地也。

分两仪

晕间凹陷者为阴穴，凸起者为阳穴，是谓两仪。就身作穴者为阴龙，宜阳穴；另起星峰作穴者为阳龙，宜阴穴，皆有饶减。或上截凸起，下截凹陷，或下截凸起，上截凹陷，或左右凹凸相兼者，为二气相感，则取阴阳交媾之中，升降聚会之所，不用饶减。

求四象

四象者，脉息窟突也。脉是晕间微有脊，乃少阴之象；息是晕间微有形，乃少阳之象；窟是晕间微有窝，乃太阴之象；突是晕间微有泡，乃太阳之象。四象作居，葬有四法：脉穴当取中定基，息穴当剖开定基，窟穴当培高定基，突穴当凿平定基。

倍八卦

脉缓者，用盖法：当揭高放棺，以盖覆为义；脉急者，用粘法：当就低放棺，以粘缀为义；脉直者，用倚法：当挨偏放棺，以倚靠为义；脉不急不缓而横者，用撞法：当取直放棺，以冲撞为义。已上四法，高山阳龙用之。

息之缓而短者，用斩法：当近顶放棺，以斩破为义；息之不缓不急而长者，用截法：当对腰放棺，以裁截为义；息之低者，用坠法：当凑脚临头放棺，以坠堕为义。已上四法，高 $ 山阴龙用之。

窟之狭者，用正法：当中心放棺，以中正为义；窟之阔者，用求法：当迎气放棺，以求索为义；窟之深者，用架法：当抽气放棺，四角立石，以架阁为义；窟之浅者，用折法：当量脉放棺，浅深中半，以比折为义。已上四法，平地阳龙用之。

突之单者，用挨法：当靠实放棺，以挨拶为义；突之双者，用并法：当取短放棺，以兼并为义；突之正者，用斜法：当闪仄放棺，以斜仄为义；突之偏者，用插法：当拨正放棺，以栽插为义。

已上四法，平地阴龙用之。

盖左盖右，或犯其剥气；盖右盖左，或受其冷气，纵得龙穴之妙，必遭横来之祸。顶薄舍盖云者，舍之不用，非舍上就下、舍高就卑之谓也。此以作穴言，彼以审穴言，意义自别，穴法不殊，略有差池，难致效验。

粘者，沾也。如沾恩宠之义。粘之脉自来而止于止，粘之法自止而止于尽。施承之道，攸存化生之意，将着下薄莫粘焉。理法少差，天渊悬隔。粘上粘下，则脱其来气；粘下粘上，则犯其暴气；粘右粘左，则失其正气；粘左粘右，或投其死气，纵得砂水之美，终是或承之差。下薄莫粘云者，弃之不用，非弃低取高、弃下取上之谓也。苟粘之真的，虽下临长江大河，亦为无碍。工巧岂有下薄弃粘之理乎？

倚者，依也，如依居之义。倚之脉自上而冲于下，倚之法自偏而傍于正。傍栖之形既成，变化之道自现。倚左倚右，或受冷；倚右倚左，或犯刚；倚上倚下，谓之脱脉；倚下倚上，谓之冲杀，纵得局面之奇，必见衰凌之患。本与挨法相似，但挨法施于突之平，倚法用于脉之直，天精天粹之机，至密至微之理，非上智其谁能知？

撞者，抵也，如抵触之义。撞之脉自斜而就于正，撞之法自正而就于斜。斜来之脉既专，专一之情可见。撞上撞下，则气从上止；撞下撞上，则气从下出；撞重撞轻，则生气虚行；撞轻撞重，则生气太泄，纵得来脉之真，终失正脉之吉。本与插相似，但插施于突之傍，而撞施于脉之斜。一毫千里之远，江河几席之间，不可不察。

斩者，断也。斩窃其生气，生气见于息之横。高不可侵顶，顶晕薄也；低不可近足，足底寒也。是以斩上恐失下，斩下怕失上，斩左右恐失中心，斩中心恐失左右。细观息象明白，次观穴情的当，然后以斩法施之，则上下左右自成体段。然息则体之微也，斩则用之广也。若不细察，遽尔投棺，则生气受伤，子母遭挫，纵得包藏之固，终非可久之道。且息象用斩，其息必小，小则难以投其大；斩施于息，其茔必大，大则难以容于小。必极到之理能明，斯中和之义自见。

截者，剖也。剖辟其生气，生气露于息之直。高若侵巅，谓之剖首；低若站麓，谓之剖足。是以截上恐遗下，截下恐遗上，截左恐失右，截右恐失左。呵气而成，谓之一息。一息既成，贴于穴体。穴体微茫，切勿轻举。斩之息，多土意；截之息，多木意。横土用斩，截尽生意；直垂用截，接尽生意。势不相侔，作用过迥异。若不细玩，遽而轻投，则体用两伤，生气破泄，虽有美润之玉，恐损雕琢之手。大抵脉息之穴，不可双葬。正谓宁失之小，莫失之大。此方极当。

吊者，悬也。悬提其生气，生气直奔入于息下，上不可过高，恐漏其气；下不可过低，恐犯其气。一阴既息，诸阳来复，半在息体之足，半在息体之衬。气交感而成形，形既完而成穴。左右自无可混，上下最宜斟酌。若不细用心思，则首受杀伐，足践风寒，左右虽有缠绵，本主自难抵敌。大抵与粘相似，但粘乃吊之垂，吊乃粘而起，因材施用之道。量职官人之义，须当此处辨之。

坠者，落也，堕落其滴露。生气既完，如果脱蒂。上不可顶脉而扦，下不可离脉而作。顶不离弦，来意专一；足不离褥，生意直遂。息体丰盛，褥弦展转，穴星轩昂，吐出泡脉。坠左则就于偏枯；坠右则入于偏驳；坠下则来而不来；坠上则止所非止。须审吐落之情，并依坠落之法，若有怠忽，必失本体。亲上要退其刚硬之枯，就下要舒其呼吸之气，高不如吊，低不如粘，是为得之。

正者，整也。整肃其身体，收敛其精神。窟象既小，生气初凝，过于大，未免伤其元气之真；入于深，岂不伤其细嫩之体？损其元气，则精神不足；坏其细嫩，则本体不完。古今葬者虽多，未必尽晓此法。是以地吉而人不吉，地美而人不美也。亦有上下之误，岂无左右之偏，阴阳妙合，归于中正之天。刚柔相济，止于中正之地。三分损益，一理推行，自然吻合。

求者，度也。量度其大之止，追求其止之真。窟象既大，生气弥漫，过于大则气流而不专；过于小则气游而不息。流而不专则度之未真；游而不息则求之未切。虽见窝象，分明下穴，百无一发。是能求之于穴，不能求之于求也。亦有高低之错，岂无浅深之差。一真吐露，六义均停，一见了然，五行自着。上不容下，下不必上，斯义得之。

架者，加也。加加于木，故名曰架。窟象既深，下藏阴杀。上而畏风，故气聚下；下而畏湿，故气泊上。下上受敌，故气凝中。失之于上，难免暴败之祸；失之于下，必受阴消之患。故当度其乘气之源，定其止聚之基。须先用木以渗其凶暴之情，然后加棺以颛其融溢之气。水性就下下之阴杀，见木即消；阴杀侵上上之暴气，遇风即散。生意不穷，嗣续蕃盛。若执夫窝不葬心之说，是未明通变之方者也。又有一法：破土尺余，四角立石，架棺六合，打墙培土。此须玄武、高龙、虎压乃可尔耳。天地玄机，由人干运，须凭目巧，总在心灵。

折者，裁也。以斤裁也，以斤裁物，故名曰折。窟象既浅，四顾茫然。立于上，须要砂水均应；立于下，须看龙虎相登。若无包藏，则杀乘风旺；若有风杀，则气随风散。风旺则杀愈炽，气散则杀愈侵。故生气之避杀气，犹君子之避小人，须审其出彼入此之真机，预究其参前倚后之大势，折中其上下，分按其左右。深不过五，浅不失一，而折之义详矣。大抵正与架相似，而正则架之深；折与求相似，而折则求之阔，同而异，异而同，少有差殊。则施于甲者不免施于乙，用于丙者不免用于丁，欲求福祉，恐难致验。

挨者，傍也。傍切其生气。突象既彰，阴脉单现，渺茫无际，恍惚无栖。无际则居止难定，无栖则捉摸难依。（后厥）须傍藉生生之气，借资化化之机，上不投其急而暴气冲和，下不受其寒而阴气旋复，此挨之法也。挨与倚相似，而挨则倚之切；倚与挨各别，而倚则挨之宽。可挨处如种之方芽，龙之将蛰，当挨处形如转皮，气如仰掌。

并者，合也，合并其生气。突象两彰，阴脉重现，如浮鸥傍母之形，若嘉粟吐华之势。或两脉显其长短，或二突露其巨细，投其左则情意不专，投其右则生意不固，情意不专或值阴驳之祸，生意不固乃值亡阳之杀。故须乘其短而小者穴之，合其大而长者并之，相依不散，理势通同。斯则元辰完固而不伤，理气合一而不散，大义自觉，无事琐琐。

斜者，切也，斜切其生气。凡见突脉直，下棺骸切莫授首，挨其弦则脉络不到，就其顶则气势猖强。不到之处谓之退落，猖强之处谓之刚雄。退落则阳中之阳偏，阳不生也；刚雄则阴中之阴偏，阴不成也。故斜而切之，斜则不直受其暴气，切则不疏远其真情，凶可去而吉可得，祸患远而福德旺，阴阳相扶，急缓相济，而斜穴之名义明矣。

插者，下也，下插其生气。凡见突脉之斜，须详作穴之义。迎其来则去处牵扯，就其止则来处栖迟。故乘其过续之中，插之以枯朽之骨。可插处脉情活动，如横抛之势；当插处穴情昭著，似直撞之形。生气磅礴，源源不绝，聚气充盛，浩浩难穷。不绝则情意自专，难穷则功力自大，鬼福及人效验悠远，斯插法之理致极矣。

倒杖十二法

○顺杖

脉缓中落用顺杖以正受，谓之撞。穴如龙势软活，脉情逶迤，不藉饶减。凑脉葬吞，阳来阴受，阴来阳提，直奔直送是也。要下砂逆关前案，特朝胎水，交结于前，大小横过锁断，作福必大。然不可以棺头正顶其气，恐气冲脑散。

○逆杖

脉急中冲用逆杖，以旁求龙之倚穴，如龙势雄强，气脉急硬，饶减转跌。避煞葬吐，拂耳枕臂，挫急归缓，斜倚直倚是也。要众山拱固，众水交结，明堂平正，四兽咸备，作福甚速。

○缩杖

脉甚急，就顶盖曰缩，有如柱剑之聚环头者，谓之降煞穴、坐煞穴、寒桶漏穴是也。如四山高峻环抱，本山低缠而脉短，打开百会凑紧盖，送拂顶斗脉葬之，使之乘气。要四兽全备，并不孤露，主后跌断复起，穴前明堂又有一泓真水者方结，否则粗气未脱，八风交吹。

○离杖

脉甚急就龙虚粘曰离，有如悬笔之垂珠滴者，谓之脱煞穴、抛穴、接穴、大阳影光穴，悬棺长鬣封是也。如龙雄势猛，卸落平洋，结成盘珠，铺毡展席，遥对来脉，垒土浮插，高大为坟，便知聚气须用客土堆成，要有微窝靥或草蛇灰线者方结，否则旺气未平，必主灾祸。

○没杖

形俯面饱用没杖。如肥乳顽金，气脉微茫，乘其所止，开金取水，阔理台道，端正沉葬，谓之葬煞穴，却不可错认顽硬天罡以误人。

〇穿杖

形仰口小用穿杖。如瘦体削木，气脉浅促，串其所来。取宛宛之中，凿孔穿入，侧撞斜插，横撞深插，谓之被煞穴，却不可错认欹斜扫荡以误人。

〇斗杖

山长横体用斗杖。如斗斧眼，然龙势延袤，借堂收纳，于后乐端正之中，前朝登对之所，贯腰架折，贴脊实倚，重插、深插，谓之驭煞，而拿扯牵弓，腕蓝扳鞍之穴是也。

〇截杖

山长直体用截杖。如骑马脊，然气脉不住，直卸前去，于稍停弱缓之处，四证有情之所，求觅微窝，随脉骑截，依法造作，谓之栏煞，即直截横截，骑龙斩关之穴是也。

〇对杖

上刚下柔，就刚柔交接处对脉中扦，故曰对。盖居高则峻急，处卑则微软，乃于高低相代之所，干湿暂判之间，平分缓急，刚柔相济，中正对撞，随势裁成，使其得宜，谓之中聚撞穴。要左右相登，并无凹陷，穴情明白，生气呈露方结，不然上泄下陡，难免土蚁之患。

○缀杖

势强脉急，就山麓低缓处顶脉实粘，故曰缀。当脉则大斗，脱脉则犯冷。乃于息气已脱之前，劲气既阑之后，稍离三尺，缓其悍急，使其冲和，谓之脱煞粘穴。要四兽皆低，并不凌压，真气滴落，众水有情方结，不然脱气尖脉，难免泥水之患。

○犯杖

饶龙减虎，犯过脉中，如侵境相犯之犯，即弃死挨生，外趋堂气者是也，此多乳突结。

【解评】

以上又以气脉为主，阐释了另十二种不同的葬法。可参照学习领会，而得其精要。

附二十四砂葬法

夫观龙观其起，明穴明其止。起乃动而生，止乃静而死，死处又寻生，是名曰生气。故一察其微，乃尽其大旨。象其物而取其事，顺其情而取其理，推分合以定浅深，明饶减以存克制。倚撞盖粘，体势情意，差之毫厘，谬以千里。

○担伞

来龙急气，脉直冲中，无乳气穴粘右边，侧受倚其后，托左臂长而明堂宽展，如人之担伞势也。宜浅开金井，若太深必伤，宜培加客土，填实于茔，必主富贵绵远。

○正葬

来龙三四节结，穴势既不峻急而缠护，又齐整坐下，金鱼环会，堂气分明。宜扦正穴，开井放棺，接取真气，坟培高垒，向对中应为的。半纪之间，富贵双全。

○打开

太阳顽金无纹浪，须打开深圹作窝，约取中堂。金鱼会处，定穴悬棺而葬，取中小温润气，谓开金取水，发须迟而绵远不败。

○悬棺

来龙脉急而无缓，有分有合，穴结深泥，打开实处而见实土，并内用砖石结起巨圹，竖四石柱于圹内，悬棺而下。圹前相接金池，放三吉之水，去垒土成坟，以接生气。

○垒坟

来龙有盖有座，上急下缓，为之坠脉，所以平地生突，突中有石，不可用工掘凿，似借外城，浅开金井，浮土正葬，垒土成坟，先富后贵之地也。

○大小剜蓝

来龙有情，头高而穴偏，或侧臂顿起圆金，到头入手，有鼠肉受穴，水星外应，有金水相生之义，为大腕偏受。一伏再顿小金，有迎堂顾祖之意，为小剜正受。此则不可开井太深，更宜高立坟城，恐来势耸而压穴也。凡术者宜有裁度，用之可也。

○马鬣封

来龙高冈有窟，窟中有突，突顶正葬，须从穴前挖开，下面吞进，突下安穴。不可深开钳圹，金骨浅安井内，否则卓棺为吉。葬后培坟，如旧土不动，马鬣之封微露，不可用砖石结砌，侵损其突。

○回龙顾祖

龙势急硬，过关峡生勾鼻合转回，脉从回面结，顾祖迎堂，宗族皆转。朝揖玄微，不必拘于真与不真。穴宜高迁，深开金井，谓之黄金登水，墓登砂是也。

○骑龙

龙神尽处有突兀之结，案迫前砂而穴露，其气不聚，后龙垒来，草蛇灰线，过脉分明，穴须退后高扦，取骑龙下，深井放棺，填补明堂，以全造化也。

○拿扯

来龙峻急入穴，须有情而堂气迫狭，外山外水左右交结，横观外堂，宽展气脉，侧受穴用，提起扦之。开井不浅不深，酌中裁剪，容土培就，贴身雌雄，扯后拿前。葬过一纪，世出富豪特达之士也。

○停驿

来龙高冈脉紧，穴情似有似无，登高望龙，方明端的。峦头须金水帐脱下平中小结，入首有铺茵停车驻马之驿也。十字之中，深开金井，高砌坟成，依法裁剪，自有妙理。

○斗斧

直龙枕险又无缠护，左右前后却有鬼曜，翻身横作，连山取水，以接生气，情如斗斧拱揖。前朝不许，时师妄为测度，盖出势直来横受，故知之难也。

○担凹

来龙横过转跌降脉，穴情有若蜂腰之势，合天财两头金样，后有正托，乐于仰掌中直扦。开井不用太深，吞棺三分之一，太深则反伤穴也。前关住堂气不泄，发福永久，若砂水真去为凶，此天财相似也。

○抱儿

来龙上急下缓，雌雄交度，堂气分明，应案秀出，龙虎面前迫逼扦穴可要上穿龙虎腰，下取交合水，横抱如人抱儿之状也。

○吞下

其来龙势直落斜，摆屈睁受，穴法宜吞入，开井以聚真气，后应其乐，前迎其朝，此乃大富不绝佳城也。穴情虽高，葬于前面，再立一虚圹，名吞下，须要有应托为吉。

○吐葬

来龙降势，状若草露流珠之情，为吐息露珠，侵损则真气散矣。只可粘踪，小开金井，低垒砖城。若水不流泥，前有秀应，必为巨富贵之地。

○浮葬

其来龙入手，情势低平，夹辅高出，穴中必有曲窠，藏其真气，四水不拂，八风不吹，宜浅开金井，正放其棺，法不待饶。用客土添培，厚筑其墓，使暖气相接，真脉冲融，则富贵立至。

○沉葬

来龙情高护矮，降气必然深入，聚气朝应有情，关阑未甚周密，其穴打低平下夹辅方为是法。开井吞棺三分之一，四旁筑实，可免八风动摇之病，真为绵远之地也。

○牵牛

土星行龙结穴，入首顿起两顶，左右之山伸出二臂，交度重耸。朝迎有情，两般行度，深浅高低，依法宜开成方，金井放棺，借取两傍，应乐分肩合脚，如土牛之合牵也。阴阳妙理，人罕识之，一突情可两穴，如麒麟头上品字是也。

○就饱

来龙气缓，虽结珠块坡穴，大小不均，小面有牙爪紧密，不成局段。大边饱满而有分合，玄微可就。饱处而扦之，广开金井，深入其棺，坟城小垒，裨补小边。取堂气坦夷，虽曰就饱而不饱也。

○伤饥

龙来过脉，节节分明，盖下有金，金下有横土，似上非上，中有湾凹或曲池，不浅不深，庸术狐疑必矣。苟有宾主相投，穴虽有病，葬亦有法：贴脊扦之，小井纳棺，筑后培前，以补造化，虽曰伤饥而不饥也。

○撞穴

来龙情峻，堂浅坐下，去水撮脚，牵飞到此，多生疑窦。情势可取，须别立法度，开钳广撞入吞棺而下撞穴，蹲而视之，只见外堂宽展，外砂周密，避凶就凶，假也灵莹。

○插木生芽

来龙直木插下亦谓之玄武嘴长。纵有正佐，切不可扦，当头尽脉，一扦则败，绝其中停，必有节木。须于肥厚处开井放棺，挑饶三分，自有生芽之意，仍须客土培实端正，则根本固而枝叶荣矣。

○牵弓

来龙顶欹转凹，侧寻肥突放送取龙左右臂湾环，有如牵弓发箭之势，中应分明，于鼠肉处开浅井放棺，有若靶搭正箭，力能远发，应居两旁，棺头必合，棺脚必分，借倚护弦之力。极为至理，务要前案，湾如张弓方吉，反弓便凶。

【解评】

以上是二十四种砂葬法。所谓砂，是风水学中的术语，指的是空地周围各式各样包围而来的山。此法主要是根据穴土周围山形的不同而采用的二十四种葬法。

西楚霸王项羽祖地

穿珠龙讲发行形，此是烟花粉黛名。

金马玉堂闲出去，更掌边庭百万兵。

穿珠龙，大贵之格。此图为西楚霸王项羽祖地，以前砂无大朝应，惟有旗山，所以只可以掀揭兵势，终于无法成一代霸业。

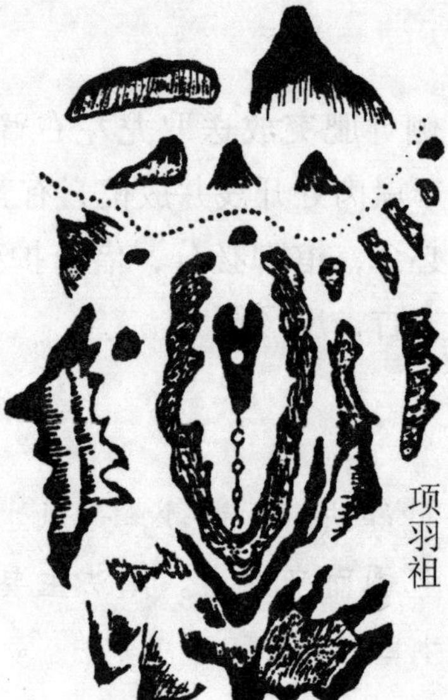

项羽祖穿珠龙

廖禹十六葬法

总 论

盖粘倚撞脉之四穴、斩截吊坠息之四穴、正求架折窝之四穴、挨并斜插突之四穴，四四一十六葬法，大纲也。星体穴情既有主见，入手工夫自有定法，一法可配四法，四法总归一法，天地人三穴该尽天地妙用，俗学以高下名之，误矣。

脉之四穴

盖穴葬义

盖者盖也，有如合盘之形，盖之脉自坤而见于乾，盖之法自乾而施于坤，姤合之大道存焉，天地之精蕴存焉，须是精求慎毋苟且。盖小盖大则伤其元气，盖大盖小则泄其元气，盖上盖下则脱其来气，盖下盖上则失其止气，盖左盖右或犯其剥气，盖右盖左或受其冷气，纵得龙穴之妙，必遭横逆之祸。顶薄舍盖云者，舍之不用，非令上取下，舍高就低之谓也。此以作穴言，彼以审穴言，意义自别。

粘穴葬义

粘者沾也，如沾恩宠之义，粘之脉自来而止于止，粘之法自止而止于尽，施承之大道攸存，化工之生物将着，法理未精，天渊悬隔。粘上粘下则脱其来气，粘下粘上则失其止气，粘左粘右则左死而右亦伤，粘右粘左则右伤而左亦亡，纵得砂水之美，终叨玷辱之危。下薄莫粘云者，弃之不用，非弃上扦下之谓也。粘之真，虽下临长江大河，无碍工巧，岂有下薄莫用粘之理乎。

倚穴葬义

倚者依也，如倚居之义。倚之脉自上而临于下，倚之穴自傍而依于正，傍栖之形既成，变化之义自着，切不可骑脉而扦，亦不可脱穴而葬。倚左倚右则失正而就于偏，倚右倚左则犯刚而投于燥。倚上倚下谓之脱脉，始见隆而终受孤单；倚下倚上谓之中杀，初见合而终必散离。固知有左右之穴，终是失倚依之正，纵得局面之奇，必见衰凌之患，本其挨法相似，挨法施于突之平，倚法用于脉之直，非上智其孰知之。

撞穴葬义

撞者抵也，如鬪斧之义。撞之脉自傍而就于正，撞之穴从正而就于傍，傍来之脉既专，专一之情可见，切不可过脉而扦，亦不可离脉而撞。撞上而失之下，则气从下散。撞下而失之上，则气因上浮。撞深而失之浅，则生气虚行。撞浅而失之深，则生气枉泄，纵得来脉之真，终失止脉之吉，亦与斜插相似，但斜插施于突之直，撞法施于脉之斜，一毫千里之远，江河几席之间，不可不察。

盖粘倚撞四大作用也，包罗万象统率万物。盖似天穴、粘似地穴、倚撞似人穴，统同也。似天非天、似地非地、似人非人，辨异也。大抵天地人，大纲也。盖粘倚撞，大领也。纲领既知，则万目斯举，往钦哉。

息之四穴

斩穴葬义

斩者断也，斩截其生气，生气见于息之横，高不可侵顶晕，薄也；低不可近足底，寒也。是以斩上恐失下，斩下恐失上，斩中心恐失左右，斩左右恐失中心，细观息象明白，次观穴情的当，然后以斩法施之，则上下左右自成体段。然息体也，体之微。斩用也，用之广。若不细察，遽尔投棺，则生气受伤，子母遭挫，纵得包藏之，固终非可久之道，且息象用斩，其息必小，小则难以投其大，斩施于息，其茔必大，大则难以容于小。

截穴葬义

截者剖也，剖辟其生气，生气露于息之直，高若侵顶谓之剖首，低若站麓谓之剖足，是亦截上恐遗于下，截下恐遗于上，偏左而截失之右手，偏右而截失之左肢，呵气而成谓之一息。一息既成，贴于穴体，穴体微茫，切勿轻举。斩之息多土意，截之息多木意。横土用斩，截尽生意；直木用截，接尽生氛，势不相侔，作用迥异，若不细玩，遽尔轻投，则体用两伤，生气破泄，大抵脉息之穴，不可双葬，正谓宁失之小，毋失之大。

吊穴葬义

吊者悬也，悬提其生气。生气奔于息之下，上不可过高，恐漏其气；下不可过低，恐脱其脉。生气半在息体之足，半在息体之衬，一阴既盛，一阳复生，气交感而成形，形既完而成穴，左右自无可混，上下最宜参究。吊与粘相似，粘乃吊之垂，吊乃粘之起。吊与坠相似，吊者坠之半，坠者吊之全，因材器用之道，量职官人之义，须当此处辨之。

坠穴葬义

坠者落也，坠落其滴露，生气既完，如果脱蒂，坠高则就其偏枯，坠下则入于偏驳，坠上坠下，来而不来，坠下坠上，止所非止，是以上不可顶脉而扦，下不可离脉而就。顶不离弦，来意专一；足不离褥，生意直坠。设若怠心一乘，则必失其本体。大抵与粘穴相似，粘乃坠之全，坠乃粘之半，息体丰肥，褥弦出转，穴星轩昂，出口吐脉，尽是吐落之情，并依坠落之法，脱上则退其刚硬之枯、开唇则舒其呼吸之气。高不如吊，低不如粘，若不细用心思，则首受杀伐、足履卑污，左右虽有缠绵，本主自难抵敌。

斩截吊坠四大作法，阐扬蕴奥，昭示精详。吊似天穴、坠似地穴，斩截似人穴，统同也。似天非天、似地非地、似人井人，辨异也。大抵天地人，大经也。斩截吊坠，大法也。经法既明，则得手应心尚慎哉。

窝之四穴

正穴葬义

正者整也，整肃其身体，收敛其心志也。窝象既小，生气初凝，过于大，未免伤其元神之真，入于深岂不坏其细嫩之体。伤其元神则气不足，坏其细嫩则体不完，亦有上下之误，岂无左右之偏，阴阳妙合，归于中正之天，刚柔相济，止于中正之地，见阴正于阳，见阳正于阴，见显正于微，见柔正于刚，显者发之过，刚者弱之强，三分损益，一理推行，斯义得之一。有云：正当作止。其义亦通。

求穴葬义

求者度也，度量其大之止，追求其止之真。窝象既大，生气弥漫，过于大则生气流而不专，过于小则生气游而不息，流而不专则度之末真，游而不息则求之未切，虽见窝象明白，下后百无一发，是能求之于穴不能求之于求，或能求之于求不能求之于穴，求上求下而上之不能度，求下求上而求之不能量，求得于左忽又求失于右，求全于右倏焉求失于左，亦有高低之分，岂无浅深之误。一真吐露，六义匀停。一见了然，五行自着，自然高不容下，低不必上矣。

架穴葬义

架者加也，加棺于木，故名曰架。窝象深下，下藏阴杀，上而畏风，故气聚于下；下而畏湿，故气薄于上。下上受敌，故气凝于中。失之于上，难免暴败之祸；失之于下，必遭阴消之患，必度其受气之源，以定其止聚之基。须先用木以渗其暴败之情，然后加棺以颛其滋溢之气。水性就下，下之阴杀见木，即消阴杀薄上。上之暴气，遇凰而散，其中之生气愈见蕃盛，脉续不穷。若执夫窝不葬心之说，是未明夫通变之权，但要如深浅之法，务必度土石之宜架左当虚其右，必左来脉而将右为界限也。架后当空其前，必后脉至而取前为界限也。架之高，高不可三分；架之低，低不可三分，察土石以定来脉，审变化以定高低，茔前水道不妨直出。

折穴葬义

折者裁也，以斤断木，故名曰折。窝象既浅，四顾茫然，杀乘风旺，气随风散。风旺则杀愈高，气散则杀益炽，故生气之避杀气，犹君子之避小人，默聚于一穴，至难折析也。立于上要砂水均应，立于下必龙虎匀朝，诚如坦坡之象，分明游布之势，须审其出彼入此之真机，预定其粂前倚后之定向。折中其上下，分扒其左右，而折之意详矣！是法深不过五、浅不失三，前后无容于遗，左右须详其误。正于架相似，而架则正之深；折于求相似，而折则求之阔，同中之异，异中之同，少有懈怠，则施于甲者施于乙，用于丙者用于丁，定不见福。

正求架折四大作法，开示蕴奥，剖露天机。求似天穴、折似地穴、正架似人穴，统同也。似夭非天、似地非地、似人非人，辨异也。大抵天地人，大节也。正求架折，大目也。节目既审，则随施随应，勉之哉。

突之四穴

挨穴葬义

扶者傍也，傍就其生气，故名曰挨。突象既彰，阴脉微现，求其上来处，又急底于下止处，又缓乘其中，犹恐伤顶跨，其脊切虑难骑，渺茫无际，恍惚无栖。无栖则捉摸莫定，无际则居止无依，故步其微突之脉，折其曲直之宗而挨之。庶上不投其急而暴杀已和，下不受其寒而阴气旋复不乘，中而断其来不贴脊而绝其去。傍挨生生之气，爰直化化之原。挨与倚相似，而挨则倚之切；倚与挨各别，而倚则挨之宽。可挨处如种之方芽，龙之将蛰，当挨处形如转皮，气如仰掌，阴脉易见，阳脉难明，细观分穴之文，吉凶有如立见。

并穴葬义

并者合也，合并其生氮，故名曰并。突象两彰，阴脉垂现，如浮鸥傍母之形，若嘉栗吐华之势。投其左则情意不专，投其右则生气不固。生意不固，直亡阳之杀；情意不专，直阴驳之祸。或两脉显其短长，或二突露其大小，相依不散，理势通同，故乘其短而小者穴之，合其大而长者并之，则理气合一而不散，元辰完而不伤，此义似觉易明，吾言无事迭琐。

斜穴葬义

斜者切也，斜切其生气，故名之以斜。凡见突显之脉，直下棺体，切莫受首。挨其弦则脉落不到，就其顶则脉势专强。不到之处谓之退落，专强之中谓之刚雄。刚雄阳中之阳，偏阳不生也。退落阴中之阴，偏阴不成也。故斜而切之，斜则不直受其暴气，切则不疎远其真情，凶可去而吉可得，祸患远而福气滋，可斜处两金，担木一线，穿珠当斜处，阴见于阳，阳见于阴，阴阳迭运，急缓相济，而斜穴之名义立矣。

插穴葬义

插者下也，下插其生氮，故名之以插。凡见突脉之斜，须详作穴之义，迎其来则去处牵扯，就其止则来处悠长，故乘其过续之中而插之以枯朽之骨，庶来气磅礴，源源不绝，转气茂盛，浩浩难尽，鬼福及人自有效验。可插处脉见活动如横抛之势，当插处穴情昭著似直撞之形。横抛之势则力愈健，直撞之形则情益专，愈健而愈见功效，益专而益见悠远，而插法之理致尽矣。

挨并斜插四大作法，罄尽底蕴，开示良知。挨似天穴、并似地穴、斜插似人穴，统同也。似天非天、似地非地、似人非人，辨异也。大抵天地人大本也，挨并斜插大原也，本原既立，则辄行辄效，往钦哉。

地理由于一元，本于五行，根于太极，判于阴阳，是生两仪。脉息窝突，是生四象，十六作用倍于八卦，每一法变四，四四一十六，终六爻之义，共八八六十四法，分配八八六十四卦，八八六十四卦不出乾坤姤复之中，八八六十四法不出脉息窝突之外，仍有抛接辍迎等穴，自可以类推之。

廖禹代表作：海虾戏珠形张翰林祖地

此地在休宁二十九都水南。其龙来脉发自港头松山，分干甚远，不一一详述。奔腾百余里，起归仙火星作少祖。又磊磊落落数十里，开帐过峡入局，展帐转身，飞蛾降势，结回龙顾祖之穴。龙势跃踊，穴情清巧。左右回环，堂局团聚，四势和平，前朝秀异，一峰侵云，尖丽可爱。穴下石印，圆平当前，以为贵证。艮龙入首，扦癸山丁向兼丑未，系廖金精下。取作海虾戏珠形，以禽星石印为征也。

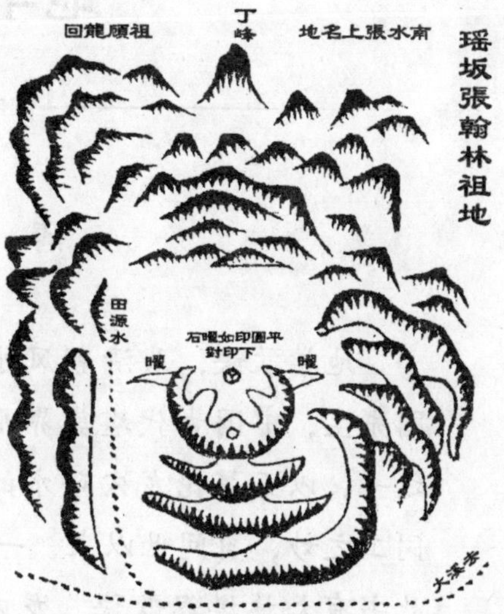

瑶坂张翰林祖地

葬后，出兄弟四神童泽公、湖公及蒙泉、蒙正公，皆以兄弟登神童科、一驸马为宋理宗公主，入翰林者四：淋公、显忠公、仲 公俱翰林修职郎、式公国朝检讨，理学二秋谷先生清溪先生、进士数十人，封荫奏名登仕版者又百余人，世宦蝉联。以石印当前，亦怀内圆墩，主贵人出继，故秋谷公嘉善以侄继姑，为徐知州从龙公子。怀内圆墩自本身生者，主出继外姓；自外山生者，主外姓入继。此盖本身生者耳。至今三族繁盛不替。

地学歌诀

清　沈镐著

地学歌诀，系清朝风水大师沈镐所著。沈镐，字六圃先生，中国古代堪舆界形法中最最具有代表性的人物之一，以五星论龙穴砂水的精论和《玉髓真经》有异曲同工之妙，自问世以来，一致备受欢迎。究其原因，因为此书有大量堪舆歌诀，龙穴形峦一概论之无余，再加上后人对一些歌诀的文字解释，图片诠释，非常直观，所以学习起来比较容易。此文是有志于研究堪舆学者的必读书目和典型教材。

一、寻龙总歌

先天一二三四五，生出水火木金土。
后天相生论何委，顺布木火土金水。
五行纯体应先天，联珠乃用后天理。
众讲五位各踏垣，有时一峰成合体。
东看似木西似金，南看似火北似水。

西南却又开平面，又或顶上平如地。
五方必有一立面，踏面寻去乘其正。
天或兼四或兼三，或兼两体分背趾。
兼星但看出面处，其间生克易为理。
有如金星又兼水，便接木星亦无忌。
又如火星又兼土，水接金星亦可矣。
其余都照此例看，天下山冈反多此。
五行顺生是常理，却有穿落变纲纪。
有如木星往前去，不生火来直穿水。
木开水帐又出木，達生滋长木蕃殖。
水大木小怕漂荡，却又穿土反克水。
穿土前边又出木，水生土培旺无比。
或不正穿只傍照，并力生护亦同理。
此是生木不穿金，但看开花与结实。
凡花是力实是一，虽然是金性还水。
定生眠体多枝蔓，乱叶初节断还起。
局中心有一穴尊，山千万水环抱里。
或直临水取水阳，火身必赖亲侍卫。
一重案山不可少，此妙收于几百里。
沦江陷湖非扯泄，大开大合常如此。
若还连水无其数，木逢金伐木始住。
穿金更不生枝叶，倒俭便论成器水。
器用百般随时宜，成得器用合尺度。
或者相生山自主，天地初分已有形。
器用都是后世作，如何天池反容人。
此中有说君未记，圣人作事不等闲。
制器尚象君闻否，星轸象地盖象天。
双轮轴地象日月，水有舟楫象天般。

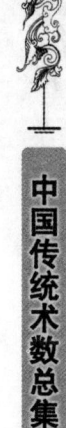

九曲桑年蒙水土，胡戕木自象金图。
木火适明格可喜，木遭火焚难用矣。
木大火小发本荣，火头略现便须止。
过火出木木更茂，长夏繁阴木可喜。
凡花是木亦是火，看地花辨尖圆理。
圆者是水尖是火，火曜倒地成花体。
此火肆出不焚木，大贵威权人莫比。
木小火大木发火，此是柴薪非花朵。
穿火便无生木理，生土生金无不可。
此龙须看长远行，三五前中难结里。
仍须分散多丘壑，前却组织右复左。
山多子孙人族蕃，远计审此方停焚。
有如金星特地起，生出子孙皆是水。
水又传木是顺生，不然定有上土水。
土变圆形金复生，曾孙肖祖常道理。
金行数节又开水，水又生金金转美。
金小角沈大方好，大者将军坐帐里。
将军必有旗朋金，前朝傍护木火起。
火星原是金之官，金寒得火真奇伟。
英雄兼备文武才，相君定国天锡祉。
金星顽者必穿火，穿火出金无不可。
再穿再出三五转，大丹火炼成因果。
遇土范之为钟金，水淬变作万剑火。
凡成器用必逢人，上师亦是贵人星。
或出本生或左右，或现前砂亦可凭。
金不遇贵终不发，半由商贾俗经营。
间出英才好武勇，金心火言无所成。
金星穿火流为珠，恐是余气争斯须。

右教四望无收拾，不须踏遂费工夫。
金微土重金被尘，得木疏通出光辉。
金小木多金反缺，去金用水看栽培。
金星不尽结金果，穴土穴木无定规。
先贤所言桃李种，十从木种论元微。
金清水白人高尚，金寒水冷孤寡相。
桂白面是论秀气，秀洁太过不兴旺。
所以大龙带零碎，能断或续杂形像。
杂形喜用填空缺，或击旗枪作了帐。
金有水子不作火，水几金母自停当。
水冷最喜火温温，但火之气逢相望。
若教祖孙皆金水，蟠踞一方数十里。
华盖飞鹅到处生，却行阴道多寒气。
结穴猥藏用神到，迎水食水连发理。
然而迟达不背发，只因寒冷魂不喜。
太祖外阳必求火，或是火城作包裹。
树木阴森须莅去，要降阳明莫藏躲。
大道车马日夜行，四顾人烟陪伴我。
金水龙穴不觉寒，必福发贵好因果。
有如水似垂天云，却不生木反生金。
水中沙里淘金子，金星又小龙不成。
毕竟一变开土帐，连屏连城无数程。
去水用金帕零碎，精金圆美穴光莹。
前朝仍要木火现。阴阳辐辏令天星。
此定贤者大墓宅，定出领辅名公卿。
水中生火不为奇，龙雷当有火相随。
大海中间常见火，阴极阳生理亦宜。
水火原有既济理，先天水下火生时。

地理多用后天法，还仗木神辅相之。
水火相伤亦相用，离中互坎坎中离。
中男中女同父母，及成家室各分驰。
此是分龙大关节，水火并峙不须疑。
水星漫漫用土制，水火土小还防溃。
眠木拦之水正定，徐看生金生水势。
水帐重重横土起，传出生木固其理。
水帐重重径生木，须要木盛成林麓。
水火木金各得方，水径生土却无妨。
尊星不论形大小，贤者出帐坐中央。
有如土星起作祖，行去中间常见土。
莫说土星不为尊，我行山中聚讲处。
望之虽然一片火，即之毕竟土为主。
土顶横平发正脉，一去程途百十许。
帐中真结人不知，帐角翻作州与府。
正结聚会备五行，纵不归厄录清楚。
或隐或现难捉摸，有时蘸水临洲渚。
嘈嘈杂杂甚平常，古仙作穴当其处。
大封大拜人不解，谁知大物必穴土。
土之常理固生金，却有屏下出贵人。
贵人是本木克土，土为大母不生填。
破胎生出诸般贵，前去穿落备五行。
到底作金作水穴，兼覆并载土成尊。
火生土旺是大格，火炎土燥不生物。
土燥变成灰与沙，枯岸断埂干矢橛。
偏行侧走开水帐，浸天便把火气隔。
火重水轻水仍干，仍看前去凡几节。
要变老相生光圆，再问帐幔再起跌。

有变有化方为龙，脱老出嫩方作穴。
居住老山葬老山，只寻山人商古德。
有心去看长安花，周道如砥辞跋涉。
地理先须辩五行，木直火尖土宿横。
金圆水曲各成象，千变万化此众生。

木 形

有如一木直冲天，特高峰体势全。
浑身隐石或出石，头面仓古骨相坚。
此是贤贵大宗神，更须穿落者变传。
若教就身要作穴，亦须出嫩生光圆。
科第显贵当骤发，只恐气促少连绵，
老椿若更有来历，族大丁蕃贵气延。
立木只为少祖星，亦作旗枪与贵人。
若使尊他为太祖，其下无须用禄存。
坛坫既尊乔岳立，指顾八方皆从心。
龙楼凤阁与宝座，尊贵名龙论出身。
自是辞楼下殿去，千里百里无数程。
逢州遇县盛供应，出入护卫多送迎。
五星正变节数备，始祖只是贪狼星。
种桃终须结桃子，穴取紫气始为真。
此中定作贤者宅，为国大辅身尊荣。
若是高山出丛木，木头上身土培个。
到底定作木花穴，官曜秀气俱是木。
似此祖宗亦极贵，三台八座良可卜。
木为文星居第一，凡遇木星俱迪吉。
为龙为护与为朝，所难不得木星立。

立木者来不等闲，是宾是主审端的。
一种名为坐木星，头身是木足搦横。
此是贵人大座格，排衙唱喏多禀承。
若令木肥带金武，为君大座非异名。
剑戟森严旗鼓备，木口定有点兵屯。
为官显耀甚威武，出将人相成功勋。
立木为祖坐为宗，立老坐嫩常不同。
虽然未可律一论，作穴多求嫩木功。
木嫩昔生花与实，木嫩气盛脉亦通。
秀嫩佳丽为美女，若教卑小是神童。
美女妆台奁具设，神童文笔书案逢。
少年文章早科第，结婚贤淑家兴隆。
若令将来为待从，金童玉女聚仙官。
更有元禽丹诏现，人间天上乐无穷。
一种行木是龙格，木星离离气不隔。
望之如骤亦如飞，前去变化将成穴。
多者八数少则三，更多十一河洛协。
抛梭走马最佳妙，直作天梯尤音特。
文章工少功业盛，科甲蔚起宗族杰。
若将为帐更称奇，满床牙笏世间希。
一种春笋无处讨，穿帐变化可预知。
两是世利举三第，忠孝贵重帝王师。
若将作朝同此遗，只要穴中消支之。
凡见大旺未成林，是龙是帐是朝迎。
或分旺气左右翼，只有中龙是浑成。
深山多尖莫漫羡，胧右贪狼却少文。
只因峰多反成浊，杨公早已有评论。
我行雅州见雅山，簇簇文峰有百千。

唤作雅州名甚好，却少雅士在其间。
无中仅见便难得，一个文峰胜一百。
山裹多峰是等闲，气促峰立非奇特。
此有大故君未知，须知陇雅帐头枝。
数千里外护正干，八州文物类文持。
仙人常具此大眼，说与时师笑复嗤。
眠木不同立木形，一经倒地像生成。
生枝生叶生花实，发越无穷体认真。
莫言眠木便不老，眠木老相穴还早。
老木或求芽与眼，插木生芽术亦巧。
不如出嫩是生机，局成穴成不用疑。
大支大贵从嫩结，小枝出嫩亦堪栖。
嫩怕单微成徲体，力小气弱苋兰枝。
凡星取嫩不取樨，又嫌太瘦不丰肥。
瘦龙瘦穴人贫薄，纵有文齐福不齐。
眠木生枝须认干，踏干寻去看变换。
屈东走西成诸格，梧桐芍药异体假。
梧桐对节左右分，行度中正天地心。
数节之后必转变，横行角出好留神。
若教寻龙踏尽处，牧童也会点金精。
芍药枝分先后见，节节畅茂不疲倦。
有时突出夜叉头，有时生作菩萨面。
法云芍药结苞深，花未开时含好英。
教君寻取花苞在，福祉方来事业新。
蒹葭叶尖先后撇，山来成穗深藏叶。
开了芦花便分散，飘风着水难承接。
叶底桧中当有物，飞生过水看施设。
别有水木芦鞭名，芦鞭即是蒹葭根。

芦花枭水东西点，翰苑文坛常主盟。
单织难白作形穴，只作行龙串脉星。
穿过定然开好帐，四山回合水为城。
观龙看峡早知穴，踏着真龙心里惊。
芦鞭类有筇竹杖，慎看嫩形与老相。
芦鞭嫩活处帐中，筇竹老尽纵横放。
芦鞭贵秀能文章，筇竹孤寡恣游荡。
祸福都从龙格分，不谈龙格是虚诳。
杞梓枝分左有进，亦作人字龙为定。
初生斜出长成材，常胜庙廊梁栋任。
局成别出尊严穴，回头蓦想偏中正。
偏生杨柳是垂杨，一畔生枝一壁光。
多是缠龙或帐角，不暇立宅自开堂。
枝头纵有限藏穴，毕竟偏荣绝一房。
无枝一边又有护，亦是行龙弱不同。
若带游系别出相，又须刮目看行藏。
杨柳变好为玉梳，一面多齿一面无。
齿罅圆匀如碾玉，更喜端方好两偶。
转面穿心中出脉，此是造化好工夫。
前去定作紫霞帔，邦媛邦翰辅皇图。
杨柳之类有卷帘，一畔横脚长纤纤。
一畔短橛却相配，别有组旒垂一边。
前去卷帘见天日，多作蟠龙食水源。
凡是干龙势开张，是干又须论短长。
长干长行千百里，短干十里亦成章。
富贵论星论格局，世代论节非渺茫。
歧枝岂云不结作，到底气偏多寻常。
枝论大小看长短，枝复生枝枝无量。

小家小枝衣食穴，大家大枝亦可商。
大家小枝胡乱葬，决定失位倾家囊。
又有一种蔓生木，一同分枝干上出。
但是性柔少骨气，弯环屈折不知数。
过细太多人行断，尔为我缠我尔护。
东西作穴前后藏，衣食人丁亦小足。
似此名为瓜藤龙，未知一作太物不。
一种蔓木名仙藤，金蛇屉曲更穿云。
小处真须争尺寸，大处重叠又丰盈。
剜石出石移步换，分气合气各有情。
千穴百穴也可作，其中必有一穴尊。
龙柔求刚小求大，龙昭穴明阴穴平。
四神八将皆攒聚，近水遥山秀气并。
若还打得天然穴，富远贵长百世名。
又有藤罗缠天木，龙蛇交会互出没。
龙是土山蛇是石，或俱是石分筋骨。
性情不正生浮乱，即作用神亦非福。
划削栽培不令现，勿因奇怪惑心目。
一种火旺木生花，立地花朵各天葩。
此是文星极盛格，科第文章号大家。
为龙中出穴中结，只有作朝嫌献花。
若有遮拦能隐蔽，方位又好亦无邪。
又有一种梭搁叶，亦似天葩焰歙歙。
火脚虽凶不焚木，只作龙格不作穴。
前途穿变好穴成，木曜火曜生纵横。
定出公侯为国辅，自非世德不承禁。
又有一种梅花横，大墩小泡聚散结。
似冢非冢非人为，就生木身逐枝节。

梅花本是状元驰，有时即作花蕊穴。
或为龙格或余气，或作包缠亦可轻。
寻踪觅迹求其真，莫爱梅花勉强掘。
又有千叶芙蓉花，葵花棠花争荣华。
诸般花朵与花萼，更有莲兰别一家。
木本草本同归大，陆种水种无争差。
凡花是木莲是火，火出承地相纷拏。
根源定是二鞭木，袅袅婷婷奔水涯。
于中常出藕丝脉，渡水穿泥又起家。
必作大结生奇士，补天浴日餐云霞。
仙行千里不一见，地神常守无龙言。
兰花常生绝体上，曜气气生费推查。
吐舌卷舌水火互，探得香心亦可嘉。
灵芝却是死里活，蔚起云头吐秀芽。
亦富亦践亦高洁，只恐难绵瓞与瓜。
又有一种成器木，横安玉尺横放笏。
一字原宜作盖龙，工字王字继其人。
横飞直上成大格，侵云逼汉凝望中。
跨乡陵县作州郡，出橛聚秀浑天工。
定出侯王贤辅弼，制礼作乐比周公。
横为玉尺直玉鞭，丝鞭铁鞭争媸妍。
曲生即为曲尺格，曲尺粗浊为牛轭。
似轭有柄即为义，义供诸用不一客。
吉凶雅俗看骏换，难执形像轻易断。
喝形只论木成器，器木又与生木异。
器成局成穴即成，应乐取裁各有多。
回身步宗又步祖，贵贱短长方可论。
立木柏枯倒柏朽，破木析木用何有。

散木漂木皆为凶，焚木烬木莫下手。
木余为曜势飞扬，交牙横杖守三堂。
脱离单植为华表，双粗提门不可当。
冈洋眠地一例论，飞花落片更推详。
我谋天下三干龙，干复生枝枝无穷。
分明好似三株树，佑桤江河漠海中。
于中虽云五行备，枝分却与水相似。
木星却又眠木多，竖者曾无十之二。
地书货狼与紫气，汇变多从竖木议。
屋里先生终日谈，及至登山却不是。
槎丫鄂岳东西走，纽捏交缠或脱离。
横来直去斜侧放，对那图形无一地。
时师到此眼睛花，学浅心朦那管地。
乱点枪头硬面穴，误入埋玉败人家。
我论五星先论木，才说木星先咨嗟。
且明立坐行眠体，立是独体眠又了。
次辨生木与器木，形真作用庶无差。
若间机微端的事，龙经读尽走天涯。

火　形

焰天之火本阳精，造化甄陶万物形。
所以常以万山祖，自非烈焰不成尊。
巉岩奇诡备万状，高远崎岖无数程。
问祖寻踪如至此，穿云薄雾摘天星。
山魈奇兽白日现，虎豹只是常畜生。
云开四顾可千里，寻常峰岭是儿孙。
分枝擘脉百十道，必有一条是正身。

龙楼凤阁与宝殿，不过仿佛重叠形。
若令火星自开帐，锯齿排云惊杀人。
鸡冠龙焰莲花瓣，列炬烧天天欲焚。
有时烈火化为旗，盖天作祖好根基。
诸旗自归妙法里，必有将军始用之。
门旗走旗与掉报，战旗降旗与贼旗。
能收能用皆为福，太阿自揽莫狐疑。
有时独火作人形，一贵当关群小惊。
近嫌破碎远威武，不妨极远贴天青。
若起木身为太祖，最宜过木更同营。
有时飞火作禽形，冠鸣距将喙尖生。
翅稍毛羽参差出，破石碎焰皆炎精。
或衔丹诏从天下，或作高冈梧凤鸣。
或去临田探水物，又或敛翼浮波心。
诸禽多为朝应用，南方朱鸟合天星。
丹凤雉鸡与仙鹤，亦作龙格成穴形。
火曜逼身发福快，侥幸速退全家门。
若加砂水别凶煞，吕霍富贵无夸矜。
有时秀火出为笔，只恐槎丫多费力。
请笔自归砂法里，木笔金笔要剖析。
行火即帐即旗星，亦出浴山别有名。
牵连明灭遥相望，炎精骨气走逡巡。
看他穿落如何变，脱尽火气别成形。
五星惟火不结火，我行天下验之灵。
却有灯花剪照格，照天蜡烛亦闻名。
倚天开红取暖气，只取其气不亲形。
金头火脚宜开水，木头火脚木遭焚。
土头火脚成丹穴，丹炉覆火出仙灵。

有火不须剪去火，未闻火里可藏身。
霍光马周火里发，霍有余殃马及身。
安坟立宅求长远，暂时富贵等浮云。
亦有火堆人不见，红炭问地顶无焰。
时时小滔窃窃出，余奴本号罗睺面。
多发外水出身人，亦是龙神贵中贱。
死灰烬火走平地，穿土穿田出兴利。
石块沙砾不可耕，此是火星藏骨气。
或更作祖或作曜，或作罗星地户开。
龙尽爪指生怪石，诃崇出入交牙借。
罗星本是火之余，飞火落火应远势。
大地城口罗星守，宜高宜大宜脱离。
小小土堆罗星名，小小垣城亦作地。
凡是火星生山里，必作祖宗无说矣。
凡是火星生木涯，必守门户更无他。
凡是火星生帐角，必作旗枪更不错。
凡是火星生水中，必作禽星无别踪。
天地祖火远寻龙，无火贵不至三公。
既云火为万山祖，如何又有无火处。
此事须知论嫡庶，是嫡十里承祖祜。
支庶只问分宗处，便把小宗为始祖。
所以无火有名龙，亦富亦贵不三公。
火星作势不作形，高光远照无近情。
于中照动成冈阜，时师踏逐乱指星。
直者言木曲言水，方者言土圆言金。
不知总是火里照，吞吐转变乱成形：
登临似觉有众众，降原望之总火星。
火星布置百十坚，时师乱葬百千青。

自我观来无一发，大者奇祸小邅迍。
或称对封夸人前，可惜豆人双眼睛。

土　形

土形不离端平方，笃实传厚合归藏。
正方玉屏及玉案，方而堕角为天仓。
玉屏大贵不常得，正拜公辅封侯王。
角出亦须为辅弼，但不正拜副其傍。
天仓火者富敌国，常平仓库足衣粮。
方而高者为金匮，卑者乃号为金箱。
金匮守藏天府吏，金箱妃后近君王。
金印正方浮水面，正官掌印录文章。
又卑乃是棋盘土，极薄展纸多轻扬。
棋盘殿纸亦文物，神仙神童相应接。
别有铺坛展席名，或作平龙或受穴。
龙有厚力能帙延，穴生余气铺平阔。
土开连屏便成帐，连仓连库俱横放。
连城常据百十里，小屏小帐盈一望。
常生太祖太火下，转龙击舍成亭障。
入帐都取穿心出，十字穿心真好相。
一个穿心真未真，大地常穿三五帐。
高阜平冈相间生，或穿平洋走旷荡。
丁字人字巧转身，到头大结无人葬。
个个寻龙走帐角，包缠都作盖粘撞。
大地龙神日夜守，不许势豪横倔强。
土峙高壁名展诰，小有峰峦生两角。
此是宦成膺国封，不然道高召承诏。

飞诏亦方同展纸，脱离高山带飞势。
为官高节特承恩，不然学道天书至。
赦文略与诏相同，亦方亦动亦临风。
棱角稍圆兼水意，人在天恩雨露中。
后龙展诰即天桥，天桥长卧地方高。
横行直出寻中路，到底横落生贤豪。
更有龟蛇仙诏应，功名脱屣学王乔。
莫言是土便成方，谷堆土堆变无常。
凑天委地或塌地，如瓜如瓠如城墙。
横行铺排少脱卸，直行平阔遍一方。
一边壁立成山势，一边平田荒岭冈。
或是两边匀称走，似水似木却铺张。
有时沮洳多坑坟，有时枯燥多崩惯。
水推砂泻纵横路，皮肉疏松草木黄。
此是土星闲冈岭，龙脚帐角混绵长。
愈变愈丑无结作，冷落乡村田舍庄。
有时土变作兽形，为牛为象如生成。
为马为狮为骆驼，异兽曼延长百寻。
卑浊猪豚不晁黾，蝙蝠蚝虫亦土星。
为龙为穴为帐角，又或填穴守水城。
看他收拾清浊气，贵贱原不因名称。
有时土变作人形，神童老翁随喝成。
虽然矮小喜圆净，又喜浑厚藏精神。
此是山川浊裹秀，定出豪杰非常人。
得君行道复寿考，一世功勋百世名。
土为大母兼诸形，到底头平面亦平。
寻常编户纵横葬，得土方能保子孙。
亦占水脉看小厨，死面烂土是荒坟。

若还土绝余骸骨，浮尸流棺形出没。
或作停棺荒冢样，破灶颓垣与败屋。
碎屐污衣弃水边，小冢迁葬空碌碌。
绝处逢生忽发扬，浮家泛宅水茫茫。
巨筏居停系小艇，楼船一座水中央。
四民揭厉无昏暮，万宝络绎由经商。
城门郭外盛罗列，必定城中人富强。
浮居简出系民望，小作州县大侯王。

金 形

金形不过圆而已，献天之金出云里。
其下必以土为基，或坐云水亦同理。
连金高势成天马，或作马鞍两头起。
连三济美号三台，若更连气即成水。
所以金星不开帐，滚滚直行反多矣。
金星连连防不化，不受火炼不生水。
如此连金实枉然，大龙转身作鬼尾。
金星带中脊穹窿，连生多脚为蛹蚣。
缘有化气亦作穴，无脚蚕蛹是痴龙。
金形粗猛常为虎，为狮毕竟兼水土。
无威端的即为猫，更微局促斯成鼠。
凡是顽金出矿里。得火方可成精美。
凡是刚金不开肩，得水方可生儿子。
中等金形号坐金，为龙作穴多此星。
高为金钟中玉釜，低者亦名塌地金。
或为铜铎与餐铺，日月星辰随喝彩。
正圆方是太阳体，半圙乃号为太阴。

细秀真作蛾眉样，前必有魄副其形。
有光有魄方为月，无魄只是玉璜真。
星堆或金又或水，须有大体出何神。
金星定静无行理，地理却有流山金。
如金鼓铸泼向地，浑身是水头圆生。
马蹄法马与银锭，钱圭刀贝古有名。
此等皆从流金出，将有乌头侧子形。
金头破碎即带火，开水取水半由我。
金能生水固其宜，水亦生金人罕知。
止缘精金沙里出，固须淘汰水为资。
金星怕火要火制，金不见火不成器。
金论生熟火文武，生金遇范成钟釜。
熟金淬砺工细琐，变成刀剑形似火。
金变为环亦为珠，看他来路是何如。
如环或是天虹上，如珠或是水之余。
各认祖宗看变化，莫谩喝形空踌蹰。
金星出骨亦排牙，为刀为戟为矛叉。
金星本性属威武，文房器玩生光华。
香炉茶瓶酒樽饔，壁盘台盏皆可夸。
人形常作将军贵，将卒丑恶堪惊讶。
介胄森严金带火，手足带木生槎丫。
为金为鼓为礵锣，或为铁铖与金瓜。
屯兵点兵及堆甲，狼熖堠子相拦遮。
金星大结成大武，出司征讨入宣麻。
有时火尽出水物，鼋鳖灵龟生水涯。
横行介士金带火，螺蚌带水尽横斜。
此等多烦镇水口，或守低峡护龙家。
亦有特结作形穴，须串真脉用真砂。

千变万化皆圆相，识得圆形金不差。

水　形

惟有水形变最多，千态万状无奈何。
缘他是个软动物，随方就圆任平拖。
有时高起侵天势，无范无围水怎立。
水高便作上天云，祥云彩云浮云气。
此是水生最高体，涨天之水还其次。
激天是说洪荒初，未排未决水漫如。
远形大势无收煞，到底塌地落平畲。
就此便分诸帐体，云母水晶异称呼。
九脑芙蓉世所尊，七脑五脑亦佳名。
三脑三台与华盖，水头曲动异化星。
此言帐脑皆奇数，却有偶数四八六。
奇数定然取中出，偶数如何不偏促。
偶数有诀君未明，透空出脉妙如神。
寻常思虑不及此，龙行诡道亦如人。
出人多智能聪俊，难责忠良正直心。
为官百计成巧宦，亦是山川性结成。
双脑是金亦是水，脉从凹出性非诡。
让项取中收双气，古格忠贤常出此。
有时坐水正成形，有头有肩全似人。
便作贵人初袍格，古术号为金水星。
此星至贵易结地，或出紫气或就身。
就身依母出依子，明龙正格秀气并。
生忠生孝生贤辅，剩有芳名谢地灵。
金水撑踏为华盖，降势飞鹅看翼翅。

华盖飞鹅俱秀星，得此方可言科第。
飞鹅降势成个字，五星各有支分势。
看他龙格如何变，难执水星论一例。
飞鹅一格变诸禽，或为传鹤鸣于阴。
或作金鹅浴水面，或作淘河趁水鲤。
或为孤雁还北乡，或为群雁度关形。
诸禽翅梢常带火，身肥体圆不离金。
鸡鹜专肥还带土，毕竟头肩金水真。
有冠有啄从火论，兼形取用要调停。
诸般禽形说不尽，应乐真时任取名。
华盖一格变席帽，高明秀丽居清要。
方山大格出使相，模糊老儒官学校。
箬笠蓑衣务本农，台笠荷衣锡师号。
饶钹游僧烂面巫，铜鼓兵权制蛮道。
有时眠地水不动，置击方圆随器用。
如何知他是水体，毕竟边傍常作弄。
不动还动生波折，锦被锦袍任横纵。
霞帔霓裳繁华梦，鹑结牛衣寒舍共。
波纹圆美便成花，极盛芙蓉生水涯。
凡花根本出于水，花形却属水精华。
不信但看蒸花露，一圈香水更无地。
花形多端说不尽，各认枝叶推根芽。
诸叶亦多水所为，荷叶团团水可裁。
荇芡浑圆真水相，苹蘩细碎傍山隈。
如有尖枝方带火，性柔水重火还亏。
有时倾水自高来，九天飞星亦奇哉。
有脚为幡无脚帛，窄狭便为仙带裁。
飞帛幡带不时用，出世人世常两猜。

文章华辨惊四座，避世金马缘奇才。
无他秀气好奇异，仙宫佛字相徘徊。
仙带更细为绳索，又细丝线水住脚。
过龙巧妙生变化，金蛇藕丝联且脱。
蛛丝马迹总奇踪，高魁大元名结作。
砂法遇之反见恶，自经沟渎人束缚。
蜒蜒变化又生足，便是真龙喜屈曲。
真龙应乐雷电珠，霖雨能作苍生福。
无足活动却为蛇，是蛇端的有虾蟆。
鳅蟮蚯蚓皆无用，不堪侍从作闲砂。
诸虫亦多水所变，蜒蚰蚪蛤与螺蜗。
负介是金委曲水，出肉吐涎水弥漫。
蚌能吐珠珠水精，流作圆形或飞溅。
虫形多端说不尽，应乐真时任所唤。
诸兽服形亦是水，圆头圆身又圆腿。
人圆成曲水形真，没骨侧脑穴奇诡。
为狮为虎为火豕，或为见牛与獬豸。
行龙开帐作侍卫，柔中时时生块垒。
诸兽多端说不尽，喝形只取名之美。
又有一种水分飞，两脚如麻细且微。
或是真水或山脚，摆布波洒成丝丝。
为龙亦同云水明，作火破碎却不宜。
为朝能映蛟龙穴，还喜云头遮蔽之。
又有一种千丝坠，细细垂丝下有赘。
项平赘齐为冕旒，朝庙威仪大显贵。
垂丝中间更串珠，三五七珠士大夫。
龙旒已上不许用，鬼神遮禁眼中无。
地理忠臣孝子事，只谈忠孝更无余。

贯珠撒珠多是水，水泡满山何累累。
或从项下垂缨络，或当腰膝结环佩。
缨络环佩妃后尊，丈夫亦作朝天端。
水泡不应无故生，其他定是水行地。
行地之水若江河，阔漫平铺莫制地。
木栏土防方人用，依母依子看如何。
依母撞金取宝际，依子取木寻枝柯。
果有木根穿水出，发笛抽干生气多。
若是顺生初见水，还用土培无差讹。
堤防关水木生旺，开花作实喜阳和。
水盛木孤成漂泛，孟浪取用欠切磋。
又有水土成沮洳，地涵湿蒸阴气伏。
土流砂硬是死山，掘下定有黄泉路。
假形假穴空美观，定无脉线作穿渡。
冷石麻箍多缝裂，不堪藏魄魂不住。
张山食水暂时发，断不久长勿自误。
水帐亦作盖天旗，临风摆动拂云低。
火旗水旗或对出，门旗大旗相纷披。
战旗降旗与谴报，是火是水各分歧。
祸福亦无大分别，形穴生克须知之。
水星大转成天虹，一头饮水一头峰。
又或两头都着水，此是龙格非穴踪。
穴在虹腰作穿落，最喜山润草青葱。
若是通山赤虹上，大贵定然有大凶。
功臣国婚梗国法，一跌赤族悔何穷。
水星绝气或成尸，工木浮枵都作泥。
游鱼跃水惟金鲤，匽豊沂流乃其宜。
海鳅江豚常作怪，鼓浪攻岸何披离。

诸般鳞介说不尽，多守城门居水湄。
若有真龙结水巧，还杖应龙辅相之。

总　歌

寻龙定要知龙格，龙格五行离不得。
先论五行大星体，从辰聚讲为上则。
火星作祖必多奇，宝殿龙楼仿佛之。
怪形异状无不可，出云与雨长四时。
巉岩一开百十里，略如梳齿挂破衣。
开枝出脚必无数，正干离祖即横飞。
横飞直上正推求，却有真龙出角头。
能察真龙回步立，两边护卫自然周。
一头两肩端正好，初原望势失根由。
水流火燃无定踪，本生腴地即从容。
金星四圆随所出，惟有土屏宜出中。
天下偏少中出土，所以难言拜与封。
中间穿落论五行，厥有顺生与逆生。
相克亦有相成理，宣变宜换不宜纯。
一星始终不变化，若不为帐即为城。
除却横飞论开帐，帐不穿心不入相。
却有穿心中绝者，反向角头趋生旺。
跟生逐旺再回头，原来此出非偏回。
中出反来作我用，那边也有这般状。
我行用彼我为中，粗粗望势还虚诳。
除却开帐论生枝，枝格虽备尚狐疑。
还有变化忽彼此，十条九条无数枝。
或反去中取偏出，或反去高取低微。

取偏偏行有摆布，贴身侍卫不曾离。
取低低去行自在，外边高者作藩篱。
不信但看人居室，墙高人矮有何疑。
然而未可执一论，亦有主高用低时。
主乘市辇从徒步，主是雄龙御其雌。
但是主龙身必圆，傍龙侧面向一边。
非惟冈脊有如此，石头背面亦同然。
此中最紧看过峡，无峡有龙不合法。
是峡必然生窄狭，是峡必然右柱夹。
老祖山粗峡亦粗，虽粗还细莫模糊。
渐脱渐嫩渐精好，出粗人细有工夫。
大星一节一个峡，大峡或将天池跨。
或当峡节有灵泉，入帐出帐紧寻踏。
十字穿心官道势，节节如此反嫌直。
丁字人字随他转，只要峡中有道理。
却有一般参差帐，帐分两截相搭放。
中间斜峡作穿度，前转中势须停当。
山冈高大布置远，跌断愈多力愈显。
低小只宜三五峡，跌断太多恐力倦。
若要峡多力不倦，除非再起星辰现。
出石藏石有骨气，那更怕他断了断。
正行龙少闪行多，循冈踏逐易差讹。
闪出何凭凭过峡，真龙跌下走婆娑。
峡有模糊不可识，左不来兮右不至。
中间四处峡或成，此是双龙来合气。
销镕渣子去形秽，似此变化真奇贵。
本星但看诸般枝，眠行根脚有元微。
开花作果方结蒂，余无关峡不须疑。

火星炎炎不作峡，犂头菱角生脚下。
火蒸水降水为关，相济相成原不怕。
土星连生峡不成，两土中间或夹金。
凡作峡星都是水，万物成胎先构精。
常见龙行数十程，无峡止许旺财丁。
科第必凭人手峡，委宛名为文曲星。
水木芦鞭生翰苑，芦花三袅状元名。
金蛇过水兼文武，贯珠精巧出奇人。
蛛丝马迹寄踪迹，聪明慧巧取科名。
毡上引绳粗里细，撒珠无线过泥坪。
临田失影龙广大，结作宜为州郡城。
星月连云常出没，没时无象出无根。
如此自成倦迹峡，高贤大位极人臣。
抛梭左右多奇巧，高才名媛沐君恩。
工字平常看前后，王字封侯理可凭。
诸般卦画无中竖，但有地坪龙即行。
虎颈定须登虎榜，龙吟方须跳龙门。
蜂腰鹤腰峡本相，草蛇灰线峡精神。
阳过阴过峡不一，结咽束气峡功成。
看峡还须看作卫，如无侍卫峡不贵。
贵人中座是长宫，左右丞参与簿尉。
太以太乙是尊星，如何可作侍从名。
日月天光取夹照，云霞星宿借天文。
童男童女代使令，武戎夹道备持兵。
击枪走旗来往见，金箱玉印护行程。
垂珠附珠璎珞好，土龙金凤流苏形。
龟蛇泽物捧低峡，游鱼水物石梁寻。
后帐出手名为送，前帐接水名为迎。

一重送迎是小格，双迎双送亦当情。
真龙迎送不知数，送迎交互嫌间争。
隔江迎送非虚语，送迎尽处见天青。
无迎无送不成峡，偏迎偏送是奴星。
迎送团栾看出水，务令周密护流神。
也有罗星塞水口，似此名为关峡城。
关城也有狮象守，也有旗鼓镇关门。
也有谁何把门卒，也有贤贵司关征。
也有当关锁枪将，浑如恶杀与凶神。
关城中间亦结作，大势还护正龙行。
如此关城左右设，中行都以峡为凭。
城大节长峡连见，步步检点亲随丁。
水去泄却峡中气，风来撼动峡中神。
藏风聚水峡周密，全凭迎送护中尊。
直至有送无迎处，手足回抱穴将成。
星尊格好峡无破，一路行来心甚乐。
未知正穴却何如，此须看局何方落。
局如一国论大域，大域始终一太极。
且除大域看罗城，城在何方卜筑同。
团团收来城郭好，平平开城奠居民。
城中更须治所寻，建牙开府不胜喧。
衙府有垣垣必固，中间厅事坐中尊。
得此方为龙住所，或宜藏玉或居人。
大龙必结阴阳宅，阴不妨阳阳护阴。
阳宅开明取人势，阴宫秘密注真精。
三堂或是一龙作，或借他山他水管。
龙到有如不成局，还行错路费沉吟。
有龙有局皆停妥，此去惟须论穴星。

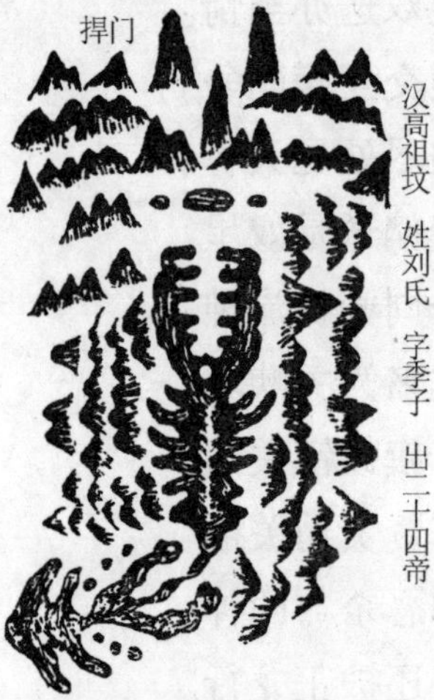

金星龙代表刘邦祖

水星龙代表

诗曰：

鱼龙戏浪两相朝，富贵功名两穴招。

水口三峰如卓削，飞龙珠案贵人朝。

诗曰：

回身狮子作真形，

更有麒麟威胆生。

文笔捍门相并见，

后昆高中应其星。

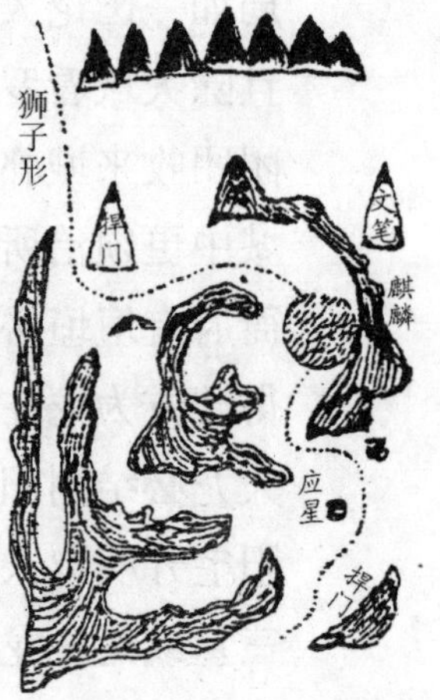

金水星龙

二、穴星总歌曰

惟有穴星最难捉，先看真龙何处落。
次看堂局何处成，又看用神何处合。
却有开局与闭局，又有升堂人室座。
望之此处是主星，步到之时还是错。
真龙落地阳阴乱，到此令人心惭作。
龙来局开星体正，葬者累累不利甚。
又因错步走帐头，人首束气不清净。
入首一峡性命关，从此则酌龙情性。
喜复喜闪是真龙，直来直入是龙病。
转步更寻龙转跌，必有一星居其正。
寻得峡美如丝线，两护秘密不开面。
自此前去起星辰，此是穴星不必辨。
谁知前去又成虚，三三五五都相如。
人不归降各门户，我实与人无所殊。
上旨分散小小结，且夸大物费工夫。
一路行来龙不错，到此局开水亦合。
分散峦头枝脚多，当中要求穴一座。
作穴必定是尊星，千山万水来朝迎。
尊星高大固为美，一般都有矮尊星。
尊星中座众山辅，却有尊星向偶寻。
分明帐里坐尊星，备诸仪仗与从人。
登星审之却有病，不是臂断便水倾。
此星还是下少祖，穴星还走未曾侍。

走偏藏隐开小堂，何必堂堂对大洋。
搜奇搜出真精髓，奇文却是正文章。
群山众陇取其特，特高特大与特阔。
特地横展特直走，有时特地穿泥藏。
特小特藏走偏偶，到此失踪人所惑。
望之此处似局促，人局观之有方幅。
此是主人闭门坐，侍立奔走皆奴仆。
望之此地似旷荡，步到其地有星象。
高田作护平回砂，大垣大城在乎望。
此是真龙作尽结，群仙聚会大形状。
到底收拾自完密，眼孔小者不知量。
望之此处是用收，周旋不向此中寻。
谁知亵妆偏是主，床头错认捉刀人。
谚曰仙眼榷夫足，一步未到莫轻评。
望之此处不着紧，也曾行过不三省。
却有韬光稳耀星，仙人点破当首肯。
真龙必是多种走，人见群龙不见首。
龙首恒藏不示人，仙人方许捉龙口。
一方群山磊磊起，山山踏遍都不是。
却有一片大蛮皮，横铺阔展无星体。
此是卧龙性倨傲，颐指群山还使气。
群山弯弯曲曲行，那知粗硬是尊星。
他山对此难消纳，到此方能驱遣人。
此星刚健得干体，多谢群山伴我行。
群山直走一山横，横肱箕坐无傍人。
自是一横收众真，宛宛之中认主星。
群山短缩一山长，自行自止自商量。
单生断不寻穷尽，多从腰里侧开堂。

自回自转收山水，其余群短尽归降。
群山迢迢一山短，短者横行远委宛。
群长作护喜多枝，短者辈脊行不远。
此是主人贫城居，穿山出脉暗度险。
俗人不识穿山脉，只说主人来历短。
群山皆土一山石，此石当原有来历。
原是火星气焰猛，多逢穿遏藏其骨。
至此得局发露出，但见嶙峋又鹘突。
内骨还多此外骨，南离取象介中肉。
认真生气能穿取，下了定发非常福。
群山皆石一山土，脱杀出秀土为主。
皮肤细嫩好摩娑，略跟脊脉求穴所。
群山有根一山脱，脱了还起更精凿。
荒茅野石闲水泥，登临四览都回合。
亦有无奇也无怪，平平常常山自在。
头面用神色色齐，近水遥山都映带。
此是中庸大道理，必生贤贵绵年代。
乃自抛荒不曾用，山人到此心惊骇。
想是鬼神遮人眼，造物留之真有待。
凡是真龙必有骨，骨不可见占皮烙。
凡是尊星必原肥，龙衣脉远不消瘦。
凡是吉星必清秀，脱杀去浊方成就。
凡是龙头必豁达，必无他山敢凌压。
凡是龙口必隐微，如雕如塑是还非。
天心所在必涌阴，虽落平垟亦气足。
隐隐隆隆吉在心，中知其义难指出。
葬口所在必窝藏，不见头面见灵光。
灵光如可揭而示，只有凡夫无上苍。

穴星所在是主人，主人必有亲随丁。
不知穴法推砂法，砂若真时穴亦真。
凡求穴星怕错认，认仆为主是通病。
果能认仆知是仆，因而主人亦可问。
正法寻龙乃求穴，因局求穴法亦捷。
今到一方见水口，有城有门有防守。
此中毕竟有大吏，更有垣墙在内地。
行行看看见内垣，必有衙府在中间。
人垣端然见衙府，自有主人复何言。
贵人升堂盛仪卫，辉煌罗列非夸贵。
此是一格差易寻，只要认真求精粹。
贵人人室无所见，有时默坐正墙面。
此又一格人不识，直到发越人争羡。
水口城门凭眼睛，得局因而寻主星。
时师只把罗经转，四家水法误十人。
穴星不过一座山，真假还从龙势观。
上山下来下山上，定有形穴中间放。
上有几枝下几枝，穴星中座方可成。
只恐多枝都抱壁，还有关城龙乘驿。
后山向前前转后，定结骑龙无处走。
转身须看大转回，迎送中间莫下手。
若教定穴迎送中，乱空关峡空伤龙。
真龙开局中间卧，击山还有几十座。
展开手脚百十里，枝枝回转为城郭。
也有翅稍径飞去，此是远曜大顿挫。
随身这水出两关，惟有横水在前过。
隔江峰峦都应付，大尽大结真无破。
然而大尽在中间，穷尽非尽尽还错。

人说尽龙我说穷，穷尽如何又不同。
龙尽尽钟山水气，龙穷水却又风冲。
要保子孙望长久，教君慎勿葬穷龙。
龙有飞龙结山里，千山万水环抱起。
全副精神聚山巅，枝脚任飞几百里。
龙有潜龙结水中，千山万水围重重。
全副精神结水巧，为云为雨皆粗工。
龙有回龙来历远，及到结作回身转。
转身面祖或朝宗，须知回转要从容。
急遽到插非回龙，勉强食水还成凶。
龙有回龙回又过，顾神顾宗还顾我。
一水绕身成云雷，内有真龙安稳卧。
盘得真时福祚长，渠家金穴永无祸。
龙有浊龙浑大由，复岭重关浊自然。
消除渣滓看一变，石中隐玉生高贤。
龙有庸龙无格子，瘫瘇绝少峰峦起。
到头也自成星辰，自作自为无大体。
龙有嫩龙最可嫌，无起无伏空恹恹。
不堪为主不为用，世间固白不闲山。
龙有凶龙生带煞，到头凶顽气不化。
虽成星体莫安坟，必出凶人终伏法。
龙有死龙龙自死，走肉行尸空数里。
土流砂硬水滋滋，垦田作地不肥美。
有形有穴慎勿迁，尸臭骨烂祸遗体。
庸师还把罗经转，某向某水便好矣。
龙有游龙已结过，余气飞扬还击挫。
残山剩水小人家，尊星不向此中坐。
奴龙缠龙与边龙，亦论大小分吉凶。

得气也能绵世代，得水也可救贫穷。
若知寻龙寻大体，那有尊星住此中。
大会各自开头面，各成营局无差讹。
尊卑亦不争几许，及至登坛必有主。
爰执牛耳令群公，求取尊星向此中。
龙有关龙非龙会，并峙两争皆不贵。
是是罗城水口山，认作龙星遭退悔。
龙有伤龙龙本真，却绝伤损不由人。
空煤开矿作窑窟，发土取石如丘陵。
或被庸师妄穿凿，成遭国伐坏星辰。
伤龙且论偏与正，更看所伤重与轻。
气脉未断尽人事，加功培补令生新。
报恩之地偏发快，地神亦与人同情。
只恐伤重龙已死，便用挑培枉费心。
对此只堪争浩叹，追思追恨彼何人。
有星有穴不复用，防他冷退害人丁。
龙有败龙龙自败，此关气运论时代。
原先本是发积龙，气消运去翻作怪。
草木青葱变培黄，地皮圆满自崩坏。
或起蛟坑被雷震，破散神魂不自在。
妖狐狡兔为室家，蛇鼠穿洞真亡赖。
地气已败空复事，强作强为终有害。
或者年深气自转，留与后人乘其泰。
神龙端的果如神，屈伸变化应天星。
寻得穴星事八九，到头愈觉工夫深。

木星

水星专专取生意，何为生意水即是。

水能生木木涵水，生根生芽生枝翳。
开手结穴王无限，看来总是一圈水。
立木无枝或宇万，昭天蜡烛表清气。
或作仙人出神穴，顖门飞出阳神去。
柳眼窥春穴芽眼，将非未芽生意满。
或穴木根食地气，或穴胸膛看窝魇。
不然大木抱小木，小木秀服紫气出。
紫字亦是水兼水，穴了乳头水盈溢。
坐木开股又开肱，当中寻乳如男形。
此是人身根子穴，生生化化大地精。
若还中乳不成象，上取坦腹脐中放。
废有小窝固是水，肥水莫认为金状。
若又坐眠秀且妍，美女献花穴窝辟。
真水即扦龙漏穴，天地生理有何嫌。
又有坐木名天葩，亦如人坐在丫槎。
丫芽宛在皆水意，正穴中间水乳佳。
或穴水窝同一理，出人文秀官清华。
其有正眠与侧眠，若似人形理亦然。
穴阴穴脐穴心乳，耳眼口鼻股肱间。
仲子手心屈鼠肉，高骨合谷内外赚。
膀胱腰眼又间尾，三里伏鬼与涌泉。
三百六十铁炙穴，认得真时皆可迁。
除此是使行生木，生枝枝生何碌碌。
发芽作药都成穴，或插新条者接续。
枝了女击窝巢穴，葛与女萝施乔水。
穴花多穴花未开，好取萼幽生意足。
亦有大开花心穴，花残作实良可小。
其或离离实已成，实则阳极而阴生。

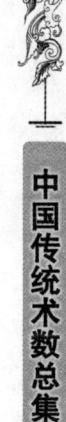

实有外肉与内肉，此事须从根本寻。
梧桐叶上生偏子，杨柳枝头出正心。
自是蒹葭成穗小，出来芍药结苞深。
别有梅花生满树，三三五五何纠纷。
众开取含藏冻蕊，众含取放报先春。
梅花本是状元格，穴得真时应亦真。
蔓木大柔军取实，或瓜或果种收分。
木长匏短冬瓜肿，横剖直期安留心。
东陵瓜美形圆好，癞瓜出石成锋棱。
瓜瓤甘美远香洁，尝泥味水是仙真。
仙朕紫唐蒙丹实，披云寻访彼何人。
野蔓狂花无结果，珍求花假误人贫。
木本草本同归木，芦花莲花兰花出。
芦花散漫不作穴，穴取稍时叶专护。
莲花取开重重里，此是水乡清秀物。
兰花卷舌复吐舌，兰心宛宛穴有福。
伐木倒地枝叶促，看有节芽生意不。
如遂朽烂生树鸡，灵芝仙菌从此出。
云头巧妙穴回环，不发人丁亦发福。
成器第一玉尺木，温润端正无窝突。
必在金滕玉匣中，谨密包藏用无忽。
芦花鞭与玉丝鞭，状元所执美人怜。
鞭寻握处丝为护，穴得真时应此班。
玉尺一变为曲尺，曲尺穴在曲处觅。
亦曾见人作反穴，只要当来应乐的。
曲尺一变为牛轭，季榈曲木缓其节。
人羊如轭有长把，此等须从曲中穴。
玉尺粗长为田桃，更粗横扛如缠包。

玉鞭长锐金枪是，更长而杀为竹篙。
为鞭可执以求官，牛鞭驱犊习勤劳。
此等皆从握处穴，推俗还因气类招。
玉尺又变为玉带，更变玉几良可爱。
玉几无穴穴裀褥，玉带无穴穴鱼袋。
虽然器用人所为，地形实有此等在。
倒木编联为水簰，浮簰靠序遂流来。
水乡村落为一宝，安坟亦颇发人财。
刳木剡木为舟楫，金船楼船成大格。
官舱樯眼系利害，认得真时堪作穴。
器用虽多不胜名，对景喝形存乎人。
格物自关学问事，略举大概遗后生。

火　星

火形因焰木无穴，山中亦有飞凤格。
大发速发势熏天，无德处之终绝灭。
灯花剪诏必火花，若是金花用不得。
其余入火皆灰烬，劝君不必寻火穴。
火头土身火习琐，坐穴见土不见火。
火微土盛资暖气，贵龙常结此因果。
火重土轻成炎燥，有财无人守钱掠。

金　星

金星刚便穴依子，即窝即穴无差矣。
窝在顶上穴囟门，窝在面上穴口里。
窝在当胸即穴心，窝在脚下即穴趾。

窝正穴正审三停，窝偏即穴偏与倚。
无窝有魇要天然，金盘铜锣窝明白。
略靠弦棱善食水，惟有缺金号太阴。
弦月蛾眉秀且清，挨光相睨开窝影。
进气退气妙如神，地下星辰常反看。
水中映月镜中人，玉璜玉块俱无魄。
垂佩自然有韦裁，钻孔系中是穴场。
亦取微微窝与窝，金锭法马取螺纹。
不妨窝影见层层，金珠穿中须召细。
惜王真如惜寸金，苍壁礼天视肉好。
金钱落地脊穿心，虎形穴眼穴口鼻。
穴额穴是高精神，天马穴蹬蹬微起。
脊胯合处仍窝形，龟肩鳖眼知吐沫。
无窝无魇不安存，覆螺下口仰螺魇。
蚌为分母看开挣，罗磨平金穴磨眼。
葫芦饱金穴脐心，肩面上聚还下散。
王钹微微穿眼睛，席帽箬笠本用神。
穴落窝魇须分明，金星必不作乳穴。
乳是水体防金克，于中有一金垂乳。
忍是水乳方用得，水乳圆和委宛生。
金出两手相承接，此名嫩水初出胎。
良是金母所爱悦，金头木脚乳还非。
不是闰斧便斗谁，挨金傍木可作穴。
原有窝影互可为，金头火脚枫叶尖。
多尖粽叶形赫然，挨金剪火有古法。
如无窝魇翦亦难，金中蕴火天雄附。
乌头侧子皆藏毒，剐金取水要泄气。
先开历年方不误，窝圆误长略同理。

窝多椅形钳钗子，金星不复更穴突。
若还作寒是另体，另体又是小金星。
又寻窝魇方可使，金星无窝穴不成。
强穴顽金必误人，我见饱食胡乱挖。
穴穴败坏绝人丁。

水　星

水星柔弱依穴母，水头必圆当金处。
挨金取气不犯弱，窝钳凑人檐迭里。
水头荡软开偏侧，必取水泡是突子。
突小正当突上安，突若稍大取动体。
水荡山软泡又多，多中取时要搓磨。
周折端诈求一特，慎看闫搁水聚涡。
水星依母远依子，水盛体穴远出乳。
乳是木子看来头，根本穿山方有主。
水大木小无穿山，恹恹仅活无佳处。
或有漂来一截木，小家浮泛衣食所。
真龙本立而道生，争看贵人来祀祖。
纯水荡软必无穴，乱作金堆用不得。
土柔砂散水滋滋，阔板虚堂补空阔。
晒袍摆析取昙花，锦袍棉团温复佳。
旗播摆动寻旒赘，乘金不怕脚欹斜。
水流圆转作天虹，长身难穴反无功。
一头饮水取气穴，稍稍金脑微微丰。
飞帛倦带看成结，结处是金水摇拽。
挨金相水曜飞扬，此是水星大气魄。
大水漫天即是云，祥云无穴穴月星。

太阳常怕云遮掩，日华云烂要开明。
流行大水或成龙，葬龙定葬龙口中。
亦有群龙争珠穴，不是余气便僊踪。
珠从蚌出水之精，不附金星附水星。
光圆小巧钻中孔，慎看龙真与局真。
流行小水或成蛇，是蛇应乐有虾蟆。
耳目气堂可作穴，蛇腰瘟气祸人家。
水星开合为诸花，此附木星里面查。
无水花从何处发，如花端的是空花。

三、砂水歌总歌

龙真穴的论砂水，砂为役兮水为使。
龙真局会砂穴朝，穴的气聚砂水止。
二重水夹一重妙，砂若弯环水不剑。
水若弯环砂亦转，砂水原来是一家。
贴穴两抱为蝉翼，贴身两抱龙虎是。
青龙只是左臂名，白虎只是右臂字。
不管青龙与白虎，只要下水关住气。
龙虎之中号小堂，小堂即是我胸膛。
胸膛喜暖收紧线，又要宽坦能开阳。
宽紧得中看有情，开面内向情方真。
肩厚肘开掌指会，却患擎拳相斗争。
所嫌洪军皮毛破，又怕飞定为别方。
推车龙虎簸箕水，下了贫穷人变鬼。
两手原该出本身，却有单提借外层。

外层亦从木帐落，先到先收后凑成。
龙虎相抱为交锁，组会重重右复左。
大地护卫八九重，开睁展翅都为我。
龙虎之前乃出案，案要横平达秀现。
案内横水名中堂，中堂水聚喜源长。
案外宜有朝由起，好主贤宾相对峙。
或有丹凤下青霄，是为朱雀真地位。
从此环观侍从山，都取人形列两边。
诸般拢列皆名器，或顺左右或当前。
案外朝内为大堂，大堂之水常汪洋。
或逆或顺或横过，水城只取平圆方。
内堂水须外堂逆，阴阳交媾诚迪吉。
内堂水逆外堂顺，交媾亦成不必问。
若教三堂都顺流，土生牵去令人愁。
亦有大地逆大江，朝山过去列外阳。
外势逆收内水顺，大交大媾大文章。
干流湿流原与田，或是池塘或是泉。
若是长流看妥曲，若是湖淀向澄润。
水流最怕破天心，损财损禄还损丁。
九曲潮来人大贵，一玄流云产奇英。
不如横过如弓样，一切平安久福人。
所忌冲胸与射胁，又恶深城当面跌。
斜飞乱关不成龙，交会渟滀方成穴。
真龙来处有屏帐，朝山屏张龙一样。
贵人宜依屏帐下，文笔宜出屏帐上。
三堂共住一罗城，圆净罗城出本身。
亦有龙朝相凑合，中间有水过堂横。
城宜高老圆如砌，却防缺破贼风至。

城中垣局开厅事，城上旗枪鼓角备。
砂水团团总是圈，五星开面作城垣。
还有四余须检点，官鬼禽曜相周旋。
案山之余各为官，案前抽出双或单。
或更发皇或现面，收回官秀定为官。
主星之余名为鬼，横龙作穴拖其尾。
阴沉有力暗助人，收回鬼气斯为美。
城垣之余名为禽，不作他用专守门。
成禽成兽成人物，关锁宫城定发人。
臂股之余名为曜，星出光芒示俊俏。
尖利奇怪消纳好，仕途风宪着威号。
曜星须与刑杀辨，刑星尖利刺人面。
杀星直硬不可消，或似拖枪或杀刀。
断头穿胸与弓颈，绳索柳杖不相饶。
无端还有诸般病，头风眼翳气促闷。
疽泡肿脚令人憎，断股折肱还侥幸。
恶星照穴为劫杀，探头侧面常穷发。
烟包火焰回禄砂，掀裙露体招邪狎。
仍有诸弊亦同圆，离乡只为砂水窜。
客亡定有伏尸砂，贫贱只因砂水散。
砂中有秀水亦有，水杀来速砂杀人。
砂作朝阳水亦朝，砂为护冲水亦守。
贵贱虽然凭龙穴，征应常从砂水得。
千变万化无数形，形家占验各有物。
言之不尽凭慧心，转移消纳在山人。
欲夺神功改大命，还观世德可承禁。
除邪龙穴论砂水，砂水所关非小矣。
开口开手与开脚，近取诸身穷其理。

龙虎不用说多般，弯环抱我斯为美。
惟有案由最紧要，据案方成尊贵体。
便将好主对贤宾，最喜贵人当面起。
一重水夹一重砂，夹砂夹水看交牙。
开堂平底砂从水，垣城高起水从砂。
初堂即是我胸膛，垣荡不容有挟藏。
案外阳开看摆列，三吉不外尖圆方。
人形侍从远近立，禀承用命何奔忙。
文峰笔阵发奇秀，玉屏宝帐作遮搪。
旗旌鼓角安停妥，流星捷报踏飞黄。
沼诰赦文重叠至，天枢挂榜遥相望。
推重进宝阵庑下，地库天仓置两厢。
丹禽元鹤从天下，龟蛇盘踞水中央。
金剑玉印皇左右，玉圭象简相辉煌。
华盖方山加席帽，鞭袍鱼带佩玎当。
炉餠盏橐琴书古，席珍器玩竞承筐。
天开地轴限来往，日月各有照临方。
文吏谒者受书启，武夫力士守关防。
青师白象把门户，署题单表双华杠。
龙楼宝殿开天关，仙桥天马谢恩章。
文武班迎仙仗送，元良寿考乐无疆。
凡是鬼砂皆助穴，鬼不助空空措拽。
此是官砂为助案，官不助案穴走窜。
凡是禽砂为塞水，禽不塞水空委靡。
凡是曜砂必放光，曜不放光空飞扬。
曜星独独有原故，好与刑煞争差互。
是曜尖利必可爱，是煞尖利必可恶。
曜形杀形同不同，收用消纳还有功。

曜气能收方作福，杀星消得不为凶。
山朝尚不如水朝，水因山夹有根苗。
仓板玉阶诚所爱，裹头泼面却难消。
夹水朝来力量长，夹水杀来不可当。
水砂重叠防纷乱，曲折来去不拘方。
天心破散莫言地，天心平正聚千祥。
面前遮拦无所见，检点因宗须陟巘。
禹水子山暗拱来，何须唐突现当面。
亦有大地大开门，远朝江山数峰青。
毕竟平砂有罗列，粗心浮气莫轻评。
风伤常患疯痨症，水伤即成水蛊病。
虫穴疠风兽窟败，流脓流血各如应。
填坑塞井不如法，出瘠出瞎须详问。
亦有病愈无法医，亦有病愈可改正。
流尸流棺如其厄，火殃火焰因风发。
水远里宽发积迟，水走砂飞败还绝。
瘦龙败穴死流沙，提箩牵犬或盘蛇。
葫芦百结沟中瘠，祖苗积作定无差。
寻龙点穴细工夫，砂水斟酌休粗浮。
体认不真消纳错，误人自误总糊涂。

四、怪穴歌

人言怪穴我不怪，怪穴毕竟穴法在。
若怪高穴而朝天，飞龙目应高处扦。
若怪平洋无可凭，请从帟上看图形。

若怪水乡踪迹断，过关度峡隔水看。
若怪骑龙龙去长，请看骑马骑脊梁。
捉月水中还现月，径投水市真怪说。
石巧得立方安迁，径葬石中真怪谈。
泥穴不怪怪穴泥，葬后泥干方信之。
泉穴不怪怪穴泉，葬后泉缩穴争传。
沙穴葬沙怪何有，土中出沙是气口。
脱穴怪地不接势，影穴怪地不接气。
穴法局法却分明，脉藏气隐非怪异。
漏道是怪不是怪，放水留气有法在。
抽气是怪不是怪，堆土还令气入袋。
借土非怪怪请客，客与主人须合魄。
培土堆土有是非，是人伤败可栽培。
伤败还须论轻重，伤重龙死枉教理。
毕竟堆培是外形，龙穴如何作得成。
涂饰可遮庸俗眼，照妖仙眼不饶人。
人言是怪我言堂，但见生气与灵光。
不见灵光乱好怪，人如试巧本心亡。

五、随宜安葬诀

真龙大干不能多，世上人多争奈何。
此须有个权宜法，因方乘势用磋礳。
一钩一搭善迁就，零头缺尺看誊那。
荒村野渡不忽略，残山剩水俱搜罗。
但有生气可延丁，但有旺气财便与。

但有秀气山秀出，贵气还须出贵人。
然而大小要成穴，不成穴处枉教掘。
穴成仍看可得水，不得水处穷如鬼。
借问如何穴便成，穴场穴晕总分明。
苍蝇蚊子最小物，眼耳口鼻随宜生。
须知一物一太极，如无极晕不须针。
可见之砂必卫我，眼前反背定不可。
可见之水要上堂，如不上堂空渺茫。
木星随处寻枝节，萌芽曲眼皆可穴。
金星随处寻窝魇，挨金取水穴可点。
水性倾欹论剪裁，有波有折善施为。
土星开面藏风处，随宜还福标祭主。
北邙山上列多茔，万古千秋坟上坟。
发时葱葱有罗列，败时湮没还崩倾。
凡此只须论旺气，来踪去迹那跟寻。
附城寸土如寸金，十家卜葬五家兴。
一朝城迁坟亦废，世间旺气还从人。
人聚气聚大家旺，人去气散地无灵。
大龙随身多带结，便坐行龙将脊贴。
横土横金借大龙，巨富显贵常发越。
若出两节三节龙，有峡有局更英雄。
亦有坑窟破碎山，中间片地浑然买。
独有一家葬下发，乱中取治好因缘。
亦有沮洳溃烂山，中间结实不流泉。
气聚大能收四势，发富大贵还生贤。
散中取聚局要紧，一砂一水还抱稳。
串龙束气一节真，偏令财旺生官品。
填空飞花不是龙，得水扦之可救穷。

补缺替人遮障风，自煨自暖还有功。
脊气尽处开人字，得穴可延五六世。
城头帐上成窝乳，常作人家开族祖。
只恐人强财不强，还觅张山食水处。
张山食水局斯在，半真半假成还坏。
且趁经商且发财，急觅真龙救暴败。
救贫还须要救丁，有根有气是长贫。
只管目前暂时发，人无远虑不成人。
水穷山尽乱堆砂，坐砂得局发人家。
水乡捞土筑成堤，靠堤还有脉穿泥。
乱葬累累千万坟，于中忽有一家兴。
及到兴时周折看，局成脉到不欺人。
牛泓猪濑臭泥浆，无赖人家葬了娘。
后来发积成大族，审龙观势却相当。
窝中势聚堆土葬，脱龙就局常兴旺。
垣中稍稍有起意，作起金堆便聚气。
真诚有脉入水中，堆土攒棺加土封。
真诚有永止于石，累工作成青冢式。
惟有褶水不可用，不过两代连本送。
更有直杀不可当，鼠尾枪头无下场。
世戒硬面不可凿，顽金死土立时祸。
但是反背不须裁，阴山煞水绝根荄。
明明穴后鬼拖逗，安骨鬼中人绝后。
明明手抱曜分飞，曜上安坟即式微。
明明塞口小罗星，矢溺安坟终绝人。
有星有抱金刚肚，穴饱当代人孤苦。
有星有抱只无唇，一代两代无子孙。
有星无抱借远护，无穴如何绵世祚。

穴遇裹头泼面水，发财一代人变鬼。
穴葬交牙紧势中，但主绝人不救穷。
穴遇离乡反背砂，子孙飘荡不还家。
砂反更飞无外局，离乡孤绝无遗育。
寻常即不求大地，毕竟延丁分内事。
与人下穴先避凶，致人败绝损阴功。
眼目心胸不能辨，枉执团盘满山旋。
神仙眼力圣贤心，自揣身中有几分。
不遇仁人与孝子，青囊收拾赤霆经。

陈霸先祖地

骑龙穴代表作陈霸先祖地。陈霸先是南北朝时期陈朝的开国皇帝，一代明君。此地在绩溪西八都。其龙发自黄山，南龙正脉，分枝叠帐，千峰磊落，万岭巍峨，屯军驱马，旗鼓旌节重叠，高在云端。将近穴大帐撑天，势如云拥，帐中星峰雄昂，自天而下，连叠串珠数节，结骑龙穴。穴前起一圆峰，峰外直拽，如鹤嘴插入水中，一长石如舟，呼为三鹤争鳅形。外山罗列两旁，左皆粗恶岐山曾，右山皆木火秀丽，旧谓左武右文。登穴观之，面前渺渺无际，但龙神杀气未除，星辰反悖，文武乱班，流神驳杂，此所以非享大位而为偏方伪主耳。

吴景鸾代表作：朱熹祖地

地在婺源县二十七都，地名官坑岭，乃朱夫子四世祖妣墓也。予兄弟曩在朱氏观文公家谱，云四世祖名惟甫，配程氏，行恭二，名荳蔻，葬二十七都丹阳乡环石里，地名官坑半岭，金斗形梁上穴。庚申山，正坎作丙向，嘉佑四年己亥八月吴景鸾下。

朱熹祖地

课云：“金斗穴居梁，朝案信鸦岗。溪山环九曲，道学世流芳。”未下之前有记云：“官坑龙势异，穴高众山聚。坎离交媾精，笔峰天外起。富不及陶朱，贵不过五府。当出一贤人，聪明如孔子。”

按：此地正干，迢迢甚远，不能悉述。比入首，横列云锦帐。帐之巅微起双峰。峰下各出微脉，隐隐隆隆，数节走马娥眉大星，贴在帐身。微茫合气，细察则有，粗看则无，非俗眼所能检点。入首束气结咽，复顿起土星开窝之格，形体甚秀。窝间又有微乳，穴粘乳头。坐下平坦，藏风聚气，穴情完固可爱。两旁拱卫罗列，莫知为万仞山巅。元辰水虽当前倾跌三十余步，得本身一掬近案横拦，紧巧有力，不见水去，且迂回曲折，亦不为害。但主离乡而已。故文公迁居建阳，乃其验也。近有鹅子峰作案，已自秀异。而外阳又有特异奇峰，远在天表，耸入云汉。登穴视之，势如焰动，清奇可爱。且水星帐北，火星朝南，东木西金夹照，土星结穴居中，谓之五星守垣，真至贵之地也。然以俗眼观之，龙身奔去三十余里始尽，而此间以横落微茫数节之脉结穴，高在山巅，无明堂，而水又流去甚远，孰识为此等大地？虽然，我文公朱夫子乃间气所钟，固非一穴之地所能孕育。然以课记考之，其符应若是，孰谓于地理尽无与哉！

传说：乐平洪士良同师傅吴景鸾一起云游，走至官坑岭下，士良偶渴，探泉饮之。走谓师曰："此泉甚异，当有至贵之地。"国师亦往，索泉尝之曰："是泉有翰墨香，岂但贵也，当产大贤！"因至山巅观之，果见其穴。呀曰："秀钟于此，以报朱氏。"然其地自山下至穴所约七里许，而送龙两水，右出石检土名，前水直流五店土名，穴高水远，不利初代。窀穸毕，用巨石压而封之。后果以不利欲迁焉，竟得石压而止。又云：初，献地者谓有天子气象，未决。往邀其师，系一僧来观，曰："当出夫子"。吴公晚年落髮学禅，故传为僧耳。

望龙经

宋　吴景鸾

龙法先观大祖宗，龙楼宝殿弧角同。
聚沟星辰合五九，辞楼下殿发成龙。
水火金为起伏脉，伏如蛇渡起天冲。
木金水土星相间，配化方为上格龙。
龙若无水不能生，无土贵不至三公。
水口四凶星出面，交戈砥柱北辰同。
合此乃为大全局，五侯九相出其中。
中等贵龙之态度，列屏列帐好寻踪。
或若飞鸦并舞凤，水星相间是真龙。

狮象列捍门，龟蛇见潭洞，此为中全局。

九卿台省锺，州县人才小贵地，文牙生口落河生。

入山寻龙体，穿落转变机，穿者平过并开帐，自高而下落者是；传者子不离其母，出脉过峡龙相类；变者三五变化生，大山生小粗生细。

那枝虚花那枝实？只在阴阳化气觅：心腰中出为阳脉，前去定结真奇穴；贯顶饱面阴死脉，只作应乐罗城列；先认五星行度秒，诀看阴阳化气窍：金木火属阳，水土二阴曜。

阳龙行度又化阴，阴化阳兮为真兆；阴阳不变不融结，绝阴纯阳定绝灭。又有山头看九星，巨禄天财土属阴，贪狼紫气是阳木，金水文荡阴水真，燥火廉贞阳火是，罡孤武太属阳金。

三五共合一，太阴阴阳名，水土星间金木火，高山龙法此为真。

临江湖海山将尽，行龙多是水星形；中间金木火一间，卸落结穴在低平。

如无化气定不结，这般荡体不须寻。

又有平阳诀，阴阴法则真：覆手饱面剑脊阴，平面仰掌阳脉多，肥厚生来亦是阳，这个阴阳好玩真。更有阴阳名六府：阴是太阴孛（月孛）计（计都）土，太阳紫气罗（罗侯）为阳。莫差讹。

木火行龙耸卓立，时师皆言为上格，
若是孤阳无水土，刚木燥火定不结。
有等金星磊磊落，若无水间不开阳，
时人尽道大传小，那晓黄金不结作。
莫道凶龙不可裁，也有凶龙起家国，
盖缘未识间星龙，贪中有廉文有弼，
武有破军间断生，禄存或有巨门力，
此是龙家间星法，到处乡村可觅见。
变星只有断处名，断处多时星必变，
贪狼不变生乳头，巨门不变窝中求，
武曲不变钗钳觅，禄廉不变犁壁头。
文曲不变落平地，破军不变戈与矛，
辅弼不变燕窝仰，变与不变宜精求。
木火星多穴不远，穴结上聚回龙穴；
但见水星落平地，必结波心变阳局；
金土多是横过结，化气二字总不脱。
木火虽生无化气，为官无禄人丁替；

木土虽克配阴阳，人丁大旺富贵地。

若见金变木，一发绝宗祀；木星变火星，拜相总虚名；水星变金星，清贵旺人丁；土星变水星，逃亡少余丁；土星变金星，巨富出贤能；水星变木星，翰苑多文名；土星变木星，一甲辅朝廷；火星变金星，孤寒痼疾盲；火星变土星，将相守边声。

此诀不论生与死，只顾化气泄天真。

五星之中水极秀，只宜化动木火金；土星宜化金木火，火土不化却纯阴。

木星非一样，涨天平地形，文曲若扫荡，过峡曲动真，动浪于三级，横阔摆褶睁，几般水星体，细玩要分明。

龙既有化气，穴定有阴阳：阴龙行度阳龙结，阳龙行度阴龙藏；先贤以山名为龙，以龙变化此相当；龙神得水方升变，乾坤变化在阴阳。

又有大小出脉形，只喜阳生不喜阴，阴脉龙节行到此，子孙退败见伶仃。又有胎息并孕育，如同父母之血精，天一生水地六成，二五精华再此续。横阔三摆并二摆，水珠鹤膝蜂腰属，走马抛鞭并串珠，之玄人字见动曲。

三节中间一点水，此是真龙成胎定，胎成结穴自分明。弦棱并窟突，证佐详。

左右天机不虚生，阴阳唇脐分葬口，穴上星辰龙上寻。

若能穷得望龙理，仙师妙用心法传。

蔡西山代表作：自卜寿藏卷帘殿

地在福建建阳翠风山。其龙起自西山，开帐出身，奔行雄伟，重重渡峡；至翁田，复大断，自青苗中过而起，又开帐，成“卷帘殿试”之格，复列三台帐，正脉中落，透迤细嫩，势若生蛇，两畔重叠抱卫；入首，成太阴金星结穴，穴挂左角，右畔抱曜；只是穴低；而送关一臂太近且高，当前为案；无开畅明堂，不见外洋，内水斜流似倾泻，外重下手山不短缩。以俗眼论龙虎、明堂、朝对，皆一无可取，反似穷源僻坞。殊下知大龙奔行数千里，于此融结，正是尽龙，而溪水环远，拦截包转，

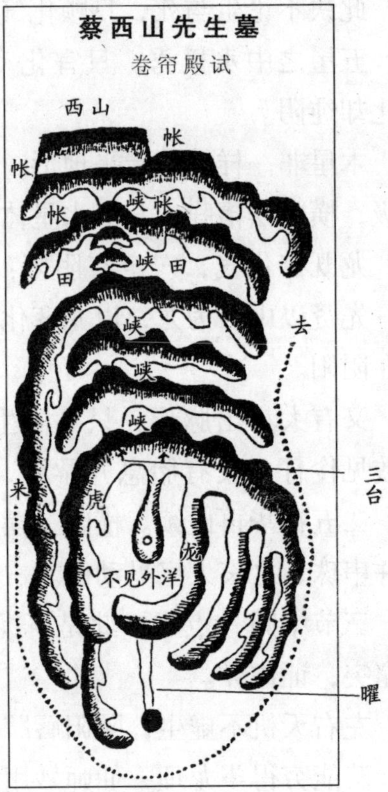

穴极周密，脉甚奇巧，虽不见外洋，而数千里间山水皆暗相朝拱，真至贵之地也，非西山先生之明见，孰能识此？西山先生自卜寿藏，葬后其孙蔡杭拜相，贤贵叠出，人丁大旺。

穴情赋

宋　蔡西山

论　脉

鱼尾摆开，看后倚前亲之势。虹腰双下，认横扦直就之情。

莫道无头无面，横看鞭踪。休言是木是金，动中取穴。

顺受逆受，何拘对定于天心。正求旁求，尤在深详于龙虎。

横担横落，无龙却葬有龙。直向直扦，有气须安无气。

横山凑脊处曰斗斧，直山扦桑处曰入檐，抛鞭须认节，避刺要离根。

反手粘高骨，冲天打原门，反裁如把伞，平视合提盆，摆出情难缓，横飞势合翻，匾大临弦山，雄粗带侧寻，扦尖休动骨，点鼻莫伤唇，五直宜横下，三停妙影响力寻，腕蓝扦鼠肉，侧耳定龙心，牛鼻防牵水，鱼肋要合襟。

口　义

凡看地，从何起，须识星辰行与止，
员流尖侧要知踪，方晓龙身贫与贵。
如覆釜，是金星，行时屈曲喜相生。
不宜手足并斜侧，见此来伤必有刑。
如顿笏，是贪狼，不宜斜仄火来伤，
脚跟水土其星贵，一举成名达外邦。
动是水，飞冉冉，下生金木真龙占，
不宜侧火势来侵，做贼与瘟无处闪。
如卓笔，火神行，秀时一举便在名，
头斜身侧为军贼，带石攲斜神庙灵。
若是横，名曰土，金书玉轴真难遇，
更生一直起丁方，庶人之子朝天去。
教君术，认玄微，垣来取突最为奇，
直来取曲曲中直，饥处须求饱处宜。
这一言，是真术，突到取窝窝取突，
行珠气聚缩中裁，正有如流来屈曲。
教君葬，端有法，倚撞盖粘并挨撞，
转跌垂钓斩截安，急缓须凭饶借折。
鹅公嘴，乌龟肩，嘴来硬直不堪扦，
势来直急宜饶借，法点龟肩借靠安。
拉笔下，直斗直，认它脉上微微脉，
饶中借字实为真，凑煞安坟人绝迹。
勾刀嘴，马蹄弦，此法分明有理扦，

勾取曲中葬用截，马蹄法有撞为先。
乌鸦颈，及鱼胞，葬宜横截穴居凹，
若还有气合襟直，倚穴撞求穴正火。
火夹穴，及禾又，葬之撞穴正为佳，
座下流神无屈曲，圹来饶借一些斜。
剑脊髯，同茅叶。草尾垂珠真气结，
流来势急穴宜饶，须认两边收水贴。
猪腰口，搭膊裁，转皮乳气任君裁，
后有峰堆前水应，名立倚穴看龙来。
燕子口，及鹤钳，势来窄狭不宜扦，
若然有意变环抱，水直教君寄两边。
燕子尾，实难言，穴如鱼尾一同扦，
势来直急宜斜剪，切忌流神坐下牵。
筲箕肚，不堪扦，竹蕉横水又牵连，
玄武不垂龙虎直，时师下着退荘田。
教君术，善寻龙，直登领上看分踪，
千支万派纷纷散，开遂前头必顿峰。
登穴上，看分踪，头去中间穴在胸，
左边长时右边长，右边长时左侧宫。
临峡裹，认其情，左扶右托两边生，
两边展翅齐扛过，踏取中间一脉行。
寻龙去，看来角，左右落时详测度，
此穴推排傍侧坳，中间虽有皆虚落，
寻龙去，认甚般，后直前湾的不闲，
节脉分明堂气聚，中间端的有龙蟠。
寻龙去，要知由，四山拱集穴堪求，
不拘曲直横斜取，金鱼会处用心谋。
寻龙去，有真诀，左伸右缩人难测，

教君一法是真言，好向罗宫回处掘。
寻龙去，看行踪，顿峰行转是真龙，
坟前一合金鱼会，穴有明堂的不空。
起三横，生一直，龙神起处真龙匿，
名曰梁间燕窝形，仔细挨排看胎息。
凡看龙，须有法，高峰峭拔如何踏，
微微幕下挂金钩，又名壁上悬灯塔。
凡认龙，高阜中，如蛇如带纷纷散，
十长一短是真龙，攻者宜潮不宜返。
龙若倚，看垂争，膊开肩偃四山迎，
落凹横担两边取，逆顺之中切要明。
寻龙去，看临田，水流随送合为先，
如蛇起脑兼垂指，界气阴阳水要明。
登穴上，看其气，软出略弯名曰死，
来龙不真水无归，葬后周年瘟火起。
教君术，看其生，却宜左右展开争，
坟前跃起形如马，堂气金鱼屈曲行。
教君术，看其死，强有弯环须跃起，
若然龙虎不开争，无突无窝不成地。
教君术，认玄宗，饱强饥弱是真踪，
脉随左畔须寻左，崛起头来穴莫中。
凡点穴，看自然，自然穴法是真傅，
如加矫揉些而力，即是贪财损寿元。
凡点穴，看后冈，半是干湖半是塘，
头缩起头看突上，直横凹里细推详。
教君葬，认堆作，看取窝堆无的确，
生成泡块是真机，细详破碎何处落。
教君术，看明堂，只宜平正及圆方，

最嫌窄狭并斜反，更忌元辰直长去。
教君术，看水城，来如展席鸭头青，
横如腰带坟前过，返侧翻弓地不成。
教君术，看城门，奇峰钻捍最为尊，
更宜一禽关锁紧，赤口欹斜必动瘟。
教君术，看左右，龙蟠虎踞世罕有，
相饶相让最为奇，若是相残终不久。
教君术，看三阳，三阴三阳最为良，
只嫌水返砂头背，落陷无潮水不长。
教君术，看朱雀，要得尖峰如笔卓，
不宜斜仄石嵯峨，若见如斯定销铄。
此一穴，值钱多，窝上突兮窝上突，
突要微茫砂界水，窝寻仰掌水归池。
四平穴，金盘样，只宜有突在中央，
其间可认金钱眼，更识荷花心里香。
平坡上，实难锹，不能无祖又无苗，
蜘蛛结网中心突，两畔无山四水潮。
腕中穴，少人知，宜来须向曲中宜，
此穴葬时须用斩，明堂聚水乐星齐。
横担穴，鼠子同，穴后须教顿两峰，
对面重重山水护，不宜凹跌不宜空。
蝉伪面，无人下，此穴原来多丑宅，
势斜取脉直为情，界水分明真不假。
禾锹口，穴尚有，子父公孙须拥从，
天以太乙两边排，亦要拜龙如进贡。
教君术，仔细搜，怪形异状用心谋，
斜斜侧侧无端驻，说与时师莫乱求。
直说与，泄天机，瘦中取肉最玄微，

直中取曲曲宜直，只此一句是真术。
突中窝，窝取突，细认罗纹并土缩，
垂珠取气曲中裁，更认阴阳来屈曲。
平田上，实难裁，田塍缩缩水来随，
微渺妙合金鱼会，十道城门切莫开。
平坡上，浪花生，内裹初生一月明，
不问龙入与虎迎，神聚微水是龙停。
太平穴，仰掌盘，有窝有凸实堪安，
无珠垂指倒为定，侧倒为真正则谬。
犁头嘴，也堪安，田塍缩缩水随湾，
后宜取直葬宜斩，塘内毫厘真乱看。
犁头样，火嘴形，令人见了说无情，
若是排窝不带煞，希君葬后自然兴。
斗斧下，穴难扦，凡师不晓这般言，
葬中怕过来龙畔，饱则宜饥饥则饱。
偏担伞，侧边裁，仙宫左右最相谐，
脉来不必取中脉，界背些儿两畔挨。
爻刀口，平直爻，葬中挨字最为佳，
横亦不横直不直，塘中略摆一些些。
蜈蚣口，有多般，直来取突破金安，
偃开左右终无穴，此穴分明侧里扦。
塘中顺逆分不发，说与时师莫失机。
若伤金，莫破块，塘中之机谁晓会，
上停决定葬须饶，下土破金急无外。
穿钱眼，实为奇，认地脉上有玄微，
更加眼力寻金水，泡有饶生便可为。
第一法，玄中玄，要看明堂仰覆仅，
仰掌当窝端的好，茶槽竹枧不堪安。

葬中法，有八般，时师莫道是虚言，
不论左右兼脉穴，气聚之中便可安。

论卦例

细说前贤地理歌，教君口诀不须多，拨砂断水文千卷，点穴寻龙术不多，一以贯之能晓会，从今论此尽搜罗。

经里分明说，龙看左右托，穴看左右落，砂看左右脚，水看左右约，明堂看四角，三阳看城廓，六者无猜疑，入穴方裁度，用卦不用卦，卦向穴中作，时师专用卦，用卦还是错，若能审究之，便是真郭璞。

择地十要

龙要有夹从，夹从龙身重。
穴要有包裹，包裹穴无破。
砂要有情意，有意则尊贵。
水要有湾曲，湾曲大发福。
龙要有正星，穴要有正名，
砂要有正形，水要有正城，
龙要有宗祖，然后看子孙，
穴要有情意，然后看来去。

论四正

龙无正星不观，穴无正形不安，
水无正情不湾，砂无正名不关。

二十二好：

龙好飞鸾舞凤，穴好星辰尊重，砂好屯军拥从，水好生蛇出洞，龙好不换正星，穴好遮藏八风，砂好顿起千峰，水好形如眠弓，龙好卓笔顿枪，穴好四正明堂，水好阳朝秀江，龙好僧道坐禅，砂好如人卓拳，水好如弓上弦，龙好有盖有座，穴好有包有裹，砂好有堆有分，水好有关有锁。

论富地

富龙带仓带库，富穴左朝右顾，
富砂厨柜仓库，富水朝湾覆土。

论贵地

贵龙行印诰排来，官穴坐华盖三台，
官砂朝笔架楼台，官水去三折御街。

论文贵

文官龙阳必过峡，文官穴金盘荷叶，
文官砂尖嘴似塔，文官水长流束甲，
文官龙喧旗带鼓，文官穴峰尖为主，
文官砂进贡翔舞，文官水天乙斡步。

论武贵

武官穴出身闪侧，武官砂旌旗排列，
武官水两边斜直，武官龙廉贞退破，
武官穴或金武曲，武官砂排衙顿旗，
武官水长流地支，武官穴顿旗出阵，
武官水交则长流，武官砂罗列为城，
武官龙辅弼俱金，武官穴维落天庭，
武官砂捍门坐镇，武官水红旗印信。

二十六怕

龙怕入穴无主，穴怕无砂朝顾，砂怕孤峰独树，穴怕壁上挂灯，砂怕如伞破崩，水怕坟前泣声，龙怕过峡无扛，穴怕临坟不装，砂怕硬直如枪，水怕冲破明堂，龙怕带鬼砂，穴怕斜口叉，砂对怕石露牙，水怕如死蛇，龙怕孤峰独领，穴怕如枪覆磬，砂怕鹅头鸭颈，水怕凶神交并，龙怕粗雄恶石，穴怕出身尖压，砂怕左右山反，水怕坟前斜直，龙怕深坑断堑，穴怕鬼神秽压，砂怕寺观坐占，水怕火城交剑。

论宜忌

神坛庙后莫安填，久后少儿孙。

龙急者怕短，穴虚者怕浅。砂朝者怕偃，水去者怕卷。

龙如死鳝者孤绝，穴如筲箕者虚结。

砂如瓢瓜者肥凸，水如落灯者仆跌。

龙来短者富不坚，穴落虚者不可扦。

砂朝浅者退田圆，水行卷者损少年。

龙虽好不结穴谓之有若无，穴虽好无来龙谓之实若虚。

砂虽横，随水去谓之有情无顾，

水虽朝，无砂城谓之金鹅箭 。

国师亲传此卷经，说出阴阳地理名，下手若能依此法，救贫立见有光荣。时师不用施闲说，有眼分明两目盲。

雪心赋

唐　卜应天著

《雪心赋》系唐卜应天著，因自许此书为："心地雪亮，透彻地理"，固而取名为《雪心赋》。此文在堪舆界影响极大，被誉为论述山形水势吉凶峦头派的代表之作，被历代传诵。明代地理家徐试可在为此书作注时曾说："地理诸书，世传充栋，求其术臻神妙者，而《葬书》为最；理极深悉者，而《发微论》为优；欲知作法之详活，无如杨公之《倒杖》；欲识星形之异态，无如廖氏之《九变》。至若星垣贵贱，妙在《催官篇》；理气生克，妙在《玉尺经》，数者备而峦头、天星尽是矣！《雪心赋》词理明快，便后学之观览，引人渐人佳境。"《雪心赋》在写作上也很有特色，它打破了惯常的散文加歌诀的体例，采用了"赋"的形式，比兴兼用，文辞优美，读者既可研读堪舆之学，又适赏玩以悦心境。

地理之宗

盖闻天开地辟，山峙川流，二气妙运于其间，一理并行而不悖，气当观其融结，理必达于精微。地学中，峦头与理气，是相辅相成，峦头中不离理气，理气中不离峦头。由智士之讲，求岂愚夫之臆度。体赋于人者，有百骸九窍；形着于地者，有万水千山。自本自根，或隐或显。胎息孕育，神变化之无穷；生旺休囚，机运行而不息。地灵人杰，气化形生。孰云微妙而难明，谁谓茫昧而不信。水性使人通，山性使人塞，水势使人合，山势使人离。古人卜宅，有其义而无其辞，后哲着书，传于家而行于世。葬乘生气，脉认来龙；穴总三停，山分八卦。纳气指气由外来，在内纳之，故宅重门路，人居其中，纳之也。存乎人者，莫良于眸子；昧于理者，孰造于玄微。惟阴阳顺逆之难明，抑鬼神情状之莫察。布八方之八卦，审四势之四维。有去有来，有动有静。

论山水本源

迢迢山发迹，由祖宗而生子生孙，汩汩水长流，自本根而分支分派。入山寻水口，登穴看明堂，岳渎钟星宿之灵，宾主尽东南之美。立向贵迎官而就禄，作穴须趋吉而避凶。必援古以证今，贵升高而望远。辞楼下殿，不远千里而来，问祖寻宗，岂可半途而止。祖宗耸拔者，子孙必贵，宾主趋迎者，情意相乎。右必伏，左必降，精神百倍；前者呼，后者应，气万千。辨山脉者则有同干异枝，论水法者则有三叉九曲。

论气脉分合

卜云其吉，终焉允臧，吉地乃神之所司，善人必天之克相，将相公候，胥此焉出，荣华富贵，何莫不由。知之者不如好之者，毋忽斯言；得于斯必深造于斯，盖有妙理。要明分合之势，须审向背之宜。散则乱，合则从，物以分，类以聚。是以潜藏须细察，来止要详明。山聚处，水或倾斜，谓之不善，水曲处，山如散乱，谓之无情。诀以言传，妙由心悟。既明倒杖之法，方知卦例之非。辨真伪于造次之间，度顺逆于性情之外，未知真诀，枉误世人。

论五星转换

细看八国之周流，详察五星之变化。星以剥换为贵，形以持达为尊。金清土浊，火燥水柔。木之妙无过于东方，北受生而西受克；火之炎独尊于南位，北受克而东受生。水在坎宫，凤池身贵，金居兑位，乌府名高，土旺牛田，木生文士。水星多在平地者，妙处难言，火星多出高山，贵而无敌；木须有节，金贵连珠。所贵者活龙活蛇，所贱者死鳅死鳝；虽低小不宜瘦削，虽屈曲不要欹斜。德不孤，必有邻，看他侍从；眼不明，徒费力，到底模糊。五星依此推，万变难以枚举。

论水法

论山可也，于水何如。交锁织结，四字分明。穿割箭射，四凶合避。撞城者破家荡业，背城者傲性强心。发福悠长，定是水缠玄武，为官富厚，必然水绕青龙。所贵者五户闭藏，所爱者三门宽阔。垣局虽贵，三门逼窄不须观，形穴虽奇，五户不关何足取。元辰当心直出，未可言凶，外面转首横栏，得之反吉，以之界脉则脉自止，以之藏风则风不吹。水纔过穴而反跳，一文不值，水若入怀而反抱，一发便衰。水口则爱其紧如葫芦喉，抱身则贵其弯如牛角样。交牙截水者最宜耸拔，当面潴水者惟澄凝。耸拔者如赳赳武夫之捍城，澄凝者若肃肃贤臣之拱位。水口之砂，最关利害，此特举其大略，当自察其细微。

论龙脉行度

水固切于观流，山尤难于认脉。耸于后必应于前，有诸内必形诸外。欲求真的，远朝不如近朝，要识生成，顺势无过逆势。多是爱远大而嫌近小，谁知迎近是而贪远非。会之于心，应之于目。三吉六秀，何用强求，正穴真形，自然默合。死绝处有生成气局，旺相中察休废踪由。弃甲曳兵，过水重兴营寨，排鎗列阵，穿珠别换门墙。游龟不顾而参差，是息肩于传舍；连珠不止而散乱，似假道于他邦。滚滚桃花，随风柳絮，皆是无蒂无根，未必有形有气。

论龙穴真假

若见土牛隐伏，水缠便是山缠，或如鸥鸟浮沉，脉好自然穴好。水外要四山来会，平中得一突为奇。细寻朝对之分明，的要左右之交固。堂宽无物，理合辩于周围，水乱无情，义合求于环聚。当生不生者，势孤援寡，见死不死者，母弱子强。鹤膝蜂腰，恐鬼劫去来之未定，蛛丝马迹，无神龙落泊以难明。仿佛高低，依稀绕抱。求吾所大欲，无非逆水之龙，使我快于心，必得入怀之案。蜂屯蚁聚，但要圆净低回；虎伏龙蟠，不拘远近大小。脉尽处须防气绝，地卑处切忌泉流。来则有止，止则或孤，须求护托。一不能生，生物必两。要合阴阳。有雌有雄，有贵有贱。其或雌雄交度，不得水则为失度。倘如龙虎护胎，不过穴则为漏胎。可喜者龙虎身上生峰，可恶者泥水地边寻穴。犀角虎牙之脱漏，名为告诉之星；骊珠玉几之端圆，即是页陈之相。亦有穴居水底，奇脉异迹；更有穴在石间，剥龙换骨。水底必须道眼，石间贵得明师。岂知地理自有神，谁识桑田能变海。

论龙虎

骨脉固宜剥换，龙虎须要详明。或龙去虎回，或龙回虎去，回者不宜逼穴，去者须要回头。荡然直去不关栏，必定逃移并败绝。或有龙无虎，或有虎无龙，无龙要水绕左边，无虎要水缠右畔。或龙强虎弱，或龙弱虎强，虎强切忌昂头，龙强尤防嫉主。莫把水为定格，但求穴里藏风，到此着眼须高，更要回心详审。两宫齐到，忌当面之倾流，一穴当中，防两边之尖射。东宫窜过西宫，长房败绝；右臂尖射左臂，小子贫穷。最宜消息，无自昏迷。

论葬法

相山亦似相人，点穴犹如点艾，一毫千里，一指万山。若有生成之龙，必有生成之穴，不拘单向双向，但看有情无情。若有曲流之水，定有曲转之山，何用九星八卦，只须顾内回头。莫向无中寻有，须于有处寻无，或前人着眼之未工，或造化留心以福善。左掌右臂，缓急若冰炭之殊；尊指无名，咫尺有云泥之异。傍城借主者，取权于生气；脱龙就局者，受制于朝迎。大向小扦，小向大扦，不宜乱杂。横来直受，直来横受，更看护缠。坐忌空，不忌短，特论常理，岂所执于翻身回结之局？

山直来，穴横受，多忌众忌，彼恶知乎脱龙就局之奇。势逆砂顺，谁识离乡堪取贵，水朝砂抱，须知此地好救贫。须知移步换形，但取朝山证穴。全凭眼力，斟酌高低，细用心机，参详向背。内直外钩，尽堪裁剪，内钩外直，枉费心机。勿谓造化难明，观其动静可测。山本静，势求动处；水本动，妙在静中。静者池沼之停留，动者龙脉之退卸。众山止处是真穴，众水聚处是明堂。堂中最喜聚窝，穴后须防仰瓦。更看前官后鬼，方知结实虚花。山外拱而内逼者，穴宜高；山势粗而形急者，穴宜缓。高则群凶降伏，缓则四势和平。山有恶形，当面来朝者祸速；水如急势，登穴不见者祸迟。趋吉避凶，移湿就燥。重重包裹红莲瓣，穴在花心，纷纷拱卫紫微垣，尊居帝座。前案若乱杂，但求积水之池；后山若嵯峨，必作挂灯之穴。截气脉于断未断之际，验祸福于正不正之间。更有异穴怪形，我之所取，人之所弃。若见藏牙缩爪，机不可测，妙不可言。石骨过江河，无形无影，平地起培塿，一东一西。当如沙里拣金，定要水来界脉。平洋穴须斟酌，不宜掘地及泉；峻峭山要消详，务要登高作穴。穴里风须回避，莫教割耳吹胸；面前水要之玄，最怕冲心射胁。土山石穴，温润为奇，土穴石山，嵯峨不吉。单山亦可取用，四面定要关栏，若还独立无依，切忌当头下穴。风吹水劫，是谓不知其所裁。左旷右空，非徒无益而有损。石骨入相，不怕崎岖，土脉连行，何妨断绝；但嫌粗恶，贵得方圆。过峡若值风摇，作穴定知力浅。穴前折水，依法循绳，图上观形，随机应变。穴太高而易发，花先发而早凋。高低得宜，福祥立见。虽曰山好则脉好，岂知形真则穴真。枕龙鼻者，恐伤于唇；点龟肩者，恐伤于壳。出草蛇以耳听蛤，出峡龟以眼顾儿。举一偶而反三偶，触一类而长万类。虽然穴吉，犹忌葬凶。

论克择

立向辨方，的以子午针正，作当依法，须求年月日之良。山川有小节之疵，不减真龙之厚福，年月有一端之失，反为吉地之深殃。过则勿惮改，当求明师；择焉而不精，误于管见，谓凶为吉，指吉为凶。拟富贵于茫茫指掌之间，认祸福于局局星辰之内，岂知大富大贵，而大者受用，小吉小福，而小者宜当。偶中其言，自神其术。苟一朝之财贿，当如后患何！谬千里于毫厘，请事斯语矣。

论仙迹祖坟

寻仙迹，看格尤胜看书；奉劝世人，信耳不如信眼。山峻石粗流水急，岂有真龙，左回右抱主宾迎，定生贤佐。取象者必须形合，入眼者定是有情。但看富贵之祖坟，必得山川之正气。何年兴，何年废，鉴彼成规，某山吉，某山凶，了然在目。水之祸福立见，山之应验稍迟。地虽吉而葬多凶，终无一发；穴尚隐而寻未见，留待后人。

论后龙

毋执己见而拟精微，须看后龙而分贵贱。三吉钟于何地，则取前进后退之步量。劫害出于何方，则取三合四冲之年应。遇吉则发，逢凶则灾。山大水小者，要堂局之宽平，水大山小者，贵祖宗之高厚。

论水口

一起一伏断了断，到头定有奇踪，九曲九弯回后回，下手使寻水口。山外山稠叠，补缺障空，水外水横栏，弓圆弩满。紧拱者富不旋踵，宽平者福必悠深，修在茂林可验盛衰之气象，天关地轴可验富贵之速迟。

唐李长吉祖凤凰展翅形

此地下右翅肩穴，贪喜秀峰，以丁向取之。未扦正穴。

夫以火星行龙。穿变从土而化木，秀丽如此，前砂朝应，又皆奇伟。意谓出俊杰，勋名充塞宇宙，垂竹帛而铭鼎彝。今乃出长吉，文章秀美。而竟不超显赫，何也。或曰火星太旺，非四木之所能当，故连秀而亟夭，上下前后，皆火星故也。嗟夫，此不知造化者耳，火既生土，重重高厚，土能生木，木之下复土间之，而后出为火穴，何火旺之有。

盖此合当下左翅肩。李长吉之祖，所以下右翅肩者。其一贪朝水在前。其二贪秀峰回重在前。其三是后枕主峰。其四是丁向可善。以世俗观之，长吉之穴为是矣。然所成就只如此，则其理可见。盖所贪者小，而所失者大，故也。

若左翅肩一穴，则众善毕集，与右肩迥别。

其一是近案当中起顶扩两傍停匀。

其二是穴后有鬼星可证，的然无疑。

其三是第三重案，起两小尖在两傍，而右穴只见侧面一尖。

其四是第三案有方峰在右，尖峰在左，亦停匀。

其五是大贵人在第四重，当中耸立，旗山在右，诰轴在左。

其六是帘幕端正，在贵人之外为

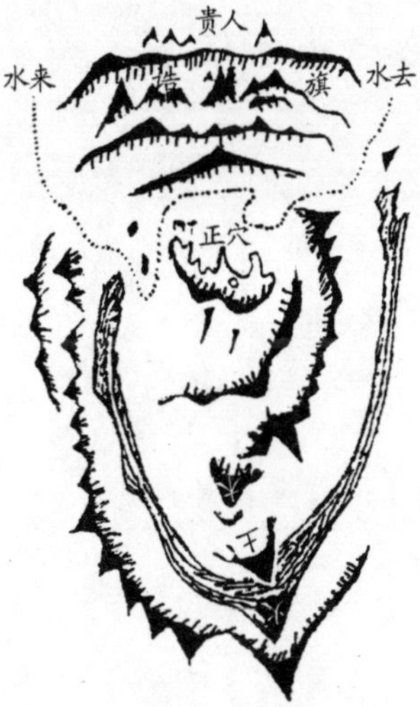

凤凰展翅形

帷幕。

其七是一双峰一尖峰，在外阳大贵人之左右。

其八是朝水横逼，从右手萦回拱揖，若不忍心去，而又不见其去。

汇集以上八善，岂不胜于右穴耶！

世之学者，当知朝应之法，以近案为先。近案以当中独立者为贵，盖近案取其内，况又中心近峦。若不端的，则取贵人之特立无俦者为尊正。出而多者，曹从也。今左方独一贵人特立而大，众峰皆不能比，岂不尊贵，虽不当主峰，而有鬼为证，又何足疑。此三者，又非右肩之比，而为八者之最奇也，右穴既非得正，然龙气本秀，故亦出文章之名。然不得其正，则单脉易歇，故不永年而夭，真是可惜哉。本图云，左肩穴未选。然不知道后来有无识者所取用，所恨不见此地白白生恨耳，李长吉官止协律郎，年二十七而卒，观此可知穴法，故并录放后人也。

按：可见此地也被一代风水名师看上眼，能让他羡慕的真不容易。

神宝经

宋　谢和卿

总　论

皇天本无二道，下民眩惑于多岐。

圣人安有两心，末学浸淫于别派。

理生成于天，发挥于圣，一而已矣。末学失传，浸淫别派，而有卦例等项之说。下民眩惑，莫知适从。此《神宝经》所以作也。

尝观择地之要，必当明理为先。故知旁道支离，遂使正宗湮没。或用针盘而定向坐，或执卦例而谈吉凶。何殊胶柱调弦，刻舟求剑。承讹接舛，析绪分端。

此书专言作穴之法。穴之尖圆向坐，天生一定，不可强为，此正理也。不明正理，而用针盘卦例以定向坐，谈吉凶，多方揣摩，皆旁道支离，讹舛非一日矣。此书拔本塞源，而救其弊。故言之剀切。如此若倒杖定穴之后，方用针盘格其方位，以备造葬选择，则可。

今欲统三才而返于一元，合二气而归于太极。着为妙诀，令达士见之心开，泄尽天机，使邪术闻之胆裂。卜其宅兆，宜尔室家，副仁人孝子之用心，俾后嗣先宗而共永。术能易得，道不虚

行。山灵妒此书之存，须防六丁下取；神物恐斯道之失，岂无万圣同呵。理实有之，言岂诬矣。

此经发泄造化生成之妙，故山灵女石焉。然圣神恐地理失传，定然护持，不令泯绝。

或谓山冤无口，诉求生气凝结恐难凭。岂知人智有眼，观验土色丰腴而可证。

生气凝结此穴也，观验自有智术，岂待山灵口诉。土色解见下文。

石山偏宜土穴，冲和定见红黄。

石山非土穴不扦，其土必红黄，乃冲和之气。

石穴出自土山，温润仍分紫白。

土山石穴，其石必色紫白，而质温润，乃吉。如坚硬顽石，凶矣。

也有石山石穴，必须柔脆可锄。柔脆即温润。能无土穴土山，但取精强为美。土不宜太润。土穴似土而非土，纹理紧密。即精强之谓。石穴似石而非石，颜色鲜明。即柔脆之谓。此为柔里钻坚，韧中点脆。

承上文石土二穴言。

支龙多生小石，剖之必有异纹。

即土山石穴，其石必有异纹，乃贵。

垄穴或出平尖，锄之要无烟墨。

即石山土穴，其土必细嫩可锄。如见顽麤之石，飞烟迸火者，则凶。《平尖即葬口》。

是故顽硬者，生气不蓄。松散者，真阳不居。

穴内土贵冲和，既不要顽硬，又不要松散。真阳者，生气也。

舌尖堪下莫伤唇。伤唇则太卑失穴。齿罅可扦休近骨。近骨则太高伤龙。鸡胸切玉，须明老嫩交襟。

阴脊来如鸡胸，不可阴来阴作。老嫩即阴阳，交襟乃界水。

鸠尾裁肪，要识刚柔界限。

平阳地如鸠尾，不可阳来阳作。刚柔亦阴阳界限，即交襟说理，须明又在眼力。不然，明是阳而指为阴，明是阴而指为阳。虽熟诵此经何益。

既已明其的当，可无裁剪之能？倘然作用参差，难致和平之福。毫厘之谬如隔万山。尺寸之违便同千里。

裁剪作用，俱是穴法，详见下文。

阳舒阴惨，义须谨于吸嘘。

阳作必借阴气一吸，阴作必借阳气一嘘。即阴来阳作，阳来阴作之义。若阳来阳受者，则见祸舒徐。若阴来阴受者，则见祸惨急。

夫弱妇强，法当严于正架。

夫弱，阳也，法宜正球。妇强，阴也，法宜架折。以正侧言。

覆掌仰掌，以别阴阳。明球暗球，以分强弱。

形如覆掌，阴也，如仰掌，阳也。阴来明球，显然为强。阳来暗球，隐然为弱。覆掌仰掌者，形也。正球架折者，法也。皆承上文，发明舒惨吸嘘之义。非夫星家阴龙阳向，阳龙阴向之谓。

先施倒杖，次卓竖竿。

相穴先看阴阳强弱倒杖以定之。次依倒杖所指，竖竿牵绳分其坐向。针盘卦例俱不用。

三合三分，见穴土乘金之义。两片两翼，察相水印木之情。

乘金，相水，穴土，印木，此四穴法，载在《郭氏葬经》。必于三分三合，两片两翼中求之。解见下文。

灰中线之微茫，毡里髦之彷佛。

申言上文脉气，微茫彷佛如此，必须法眼详察乃得。岂卤莽可识。

左乘右接，须防翻斗斧头。

穴有宜左乘者，乘金也。有宜右接者，印木也。当左而右，当右而左，是斧头翻斗。

后缩前伸，切忌凿伤钗股。

后缩吞葬也，穴土也。前伸吐葬也，相水也。相水穴在承浆部位故曰水。伸缩贵乎得宜，不可伤龙失穴。故曰：龙穴从来怕二伤，正此之谓。

双脉求短股，若情不顺，理合从权。

双脉求短正法也。若情不在短又当从权作用，不拘短股也。挨生枕薄边如义，不然义当变法。挨生枕薄正法也。如情不在薄，又当变法作用。大抵相地，在相其情意所钟而已。贵在通融，岂宜拘执。

仍观上下之分龙滴水，向背之接气迎堂。

上之分龙，下之滴水。后之接气，前之迎堂。此又变法中之不可变，从权中之不可移者也。

十字天心，匪夫妇不配之十字。

穴法有天心十字，乃四应之至中是也。龙法又有不配十字，乃夫妇同行。

水抱尖圆，多错认作穴前界土。气分互换，常误称为坐下交襟。

此言气脉闪跌，行而未止。人不详察，见其水抱尖圆，遂错认作穴前界土，坐下交襟，而不审其气分左右，互换而前行也。其误甚矣。

故葬腹者，多伤胸。扦鼻者，竟凿脑。

承上文，惟其错误，以致扦葬太高而伤龙。

上下台盘角，阴来阳受为凭。

台盘角，阴也。前后铁鎚唇，阳脉阴扦是准。铁鎚唇，阳也。

上锹下角者为弱。上角下锹者为强。

锹形平正喻阳弱。角形尖削喻阴强。俱上来者为主。

盖阴阳之分，乃有前缩之异。

阴宜前，阳宜缩，即吞吐也。

仍审隆鬣察脉之法，此为平坡拟穴之规。

隆鬣脉，行分水脊也。察此脉气，阳耶阴耶。此平洋龙，高坡龙，拟穴一定之规。

孤阳无分或穴正，可接脉而界流。

孤阳之地，下有合水，上无分水。倘或中有正穴，不可弃也。于来脉处，培土接之，分界其水，使两边而流。

寡阴无合倘龙真，但凿池而会气。

寡阴之地上有分水，下无合水。倘龙气果真不可弃也。于脉止处凿池合其水，而会其气。盖地理或然不可一途而取，然非龙真穴正，安可强哉。此又不可不知。

阴脉理宜凑入奈性急，亦宜避煞而扦。阳龙义合避檐，缘性宽，只得斗球而下。

明葬法或前或缩者以此。

生龟尾急，去则伤龙。

龟尾阴也，穴不宜急凑。

死鳖背平，扦则伤穴。

鳖背阳也，穴不宜平缓。

窝穴宜深更宜浅，天机切要心明。乳情宜下又宜高，秘诀全凭眼力。

窝穴阳也，阳坦夷宜深。又有宜浅者。乳穴阴也。阴避煞宜下。又有宜高者。天机元自活泼，在人心眼通明。

阴龙性急，自然无拂顶之堂。阳脉性宽，亦或有穿耳之局。

阴龙决要架折，阳脉虽性宽，亦或用架折。而穿耳者曰堂，曰局，天生一定坐向，非人所强也。

或也法当倚撞，倘焉情在盖粘。理合凑急，粘宽不烦人力。义当挨生，出死总合天然。

穴有盖粘倚撞四法，四法者，上中下左右也。统言之不过一止字耳。或凑急，或粘宽，或挨生出死，何往而非止，皆合天然，不烦人力。见此经之不强作也。

月角龟肩，多向偏中求正。

月之角龟之肩，穴在偏旁。然偏中多有正处，多者未必尽然之词。

竹篙鎗竿，定从险里求安。

形如竹篙鎗竿，险矣。定寻安处作穴。安乃妥平处，定者一定不移也。

或堂长而脱杀水中，倘局顺而情归正处。

或堂长则水当面直流，此流泥杀也。看取龙虎何边，有情趋吉，横侧作穴，以脱去水中之杀。故云：脱倘局顺，而正不容侧作者，情归正处作穴，堂长只得任之，惟获福稍迟耳。

凿蛇头者神死。破蟹壳者伤黄。故多下于两眸，或只扦于七寸。若使神在王字，气聚沫中。何妨触类行权，随机应变。

作穴以神气钟聚为据。蛇形固忌凿头，倘神在头王字上，又宜行权应变。蟹形固忌破壳，倘气聚壳沫中亦然。

学者当精于格物审于致知。一理纔通皎若秋空之月。万疑顿释涣如春冶之冰。体用充周显微洞贯，存之在我，应之在彼。妙夺神功，知窥天巧。

地学只是一个理字。

不问阴阳向坐，板脚定对蛤尖。

不问阴作阳作，坐某向，某棺之板脚定对蛤尖，即合襟处。此倒杖法也。

要知深浅高低，穴底但平涡里。

以一合二合水定浅深。

合襟气会垄乳，得之至沉。寿带水交支皮，用兮伤浅。

穴底浅深，虽平涡里，又有垄乳支皮不同。垄乳高阜龙也。支皮平阳龙也。合襟寿带，即一合二合之水所云涡里也。垄乳之穴若平合襟，则深而至沉矣。支皮之穴若平寿带则太伤浅矣。又当别有斟酌。

浅深交度当思泄去之基。

泄去即一合二合水穴，不可深于合水。故曰当思。高下乘生必有妥平之口。或高或下必乘生气。凡生气之处必有妥平葬口，即是放棺之处。必有者，天生自然也。

或年深积流而无据，或岁久戕贼而难凭。切要精详，毋事卤。

承上文板脚蛤尖，穴底窝里，合襟寿带，泄去之基，妥平之口而言。

别有龙藏水底，穴隐石间。穷变化之难量，岂愚夫之可测。

水底必须道眼，石间贵得明师。

贴脊平头脉短，故当插入而扦。

横龙穴居贴脊头平不起，其脉短也。下棺当插入以接其气，是故横担横落无龙须下有龙

窝钳起顶气长，拟用粘宽而下。

窝钳穴，上面起顶而来，其气长也。下棺粘宽，不可斗脉，是故直送直奔，有气要安无气。

上分有脊，脊垄成个字，见脉路之分明。下合有涡，涡现作三义，验堂情之的确。

脉行则水上分如个字之形，无此不见脉路分明。脉止则水下合而成涡，如义之交会。无此不验堂情的确。堂小明堂也。

朱雀未正情，合取于局之停匀。

朱雀案也。案未正，以龙虎左右局停，匀取用之。

元武垂长，法当求其脉之止会。

气止水交，脉之止会处为穴。

是以左来者，穴居右畔。右来者，坟在左边。

来者，向我而来，谓砂水也。砂水情意来向在左，则立穴右畔以迎之，曰穴居右畔。以砂水左来而知之也。既来向必其拱护在此，故知穴当在右。右来者亦然。

若还正到长来，却去中心正下。

砂水情意不在左，不在右，案山端拱，龙势迢迢，此正到长来也。穴居中心正下。逆中取顺者，因脉逆转而求。顺中取逆者，因脉顺流而出。

顺逆，只是阴阳二字别名。三阳从地起为逆，三阴自天降为顺。阳脉为逆，阴脉为顺。与他处顺逆又不同。

顺中取逆，谓之饶龙。逆中取顺，谓之减虎。右来左受，穴故曰取逆。左来右受，穴故曰取顺。

左来右下，全凭右臂拦龙。右到左扦，必藉左砂关虎。

关拦俱谓下砂，左来右下，即上文穴居右畔之云。右到左扦，即上文坟在左边之云。

是以门户渗漏者气散。

关拦不合法，水口旷荡，故真气随之而散。

墙垣凹陷者风寒。

垣局不周全，龙虎断缺，故穴受风寒。

或损高而益低，或截长而补短。

龙真穴正，人力补其未备。

穴贪朝来之水，切防刺胁刳肠。

朝水吉，地无砂，横拦刺刳为害。水贵屈曲有情也。

案求逼近之山，最忌压头障眼。

有近案，吉穴也。高而太迫，压障为害。

盖穴宜取高下，须求蝉翼分明。粘龙不怕低扦，必验虾须界合。低防失脉，高忌露风。

忌露风，故求蝉翼分明。防失脉，故验虾须界合。

空手锄头，见兄弟尊卑之分。

手把锄头，一前一后，如兄弟尊卑次第，龙虎相让如此。

临头割脚，知胞胎真假之情。

临头上有分水也，割脚下有合水也。分合中间，乃有真穴。否则假矣。胞胎即穴也。

硬坌大，多是块然不结。

硬大无生气，不结地。

软肩弱颈，巧从侧处藏机。故有鼠子转皮，奇形借脉。

肩软颈弱，活动有生气。结穴多巧藏闪边，侧如鼠子，如转皮奇形，借脉是也。

脉情不顺，面前慎弗贪峰。宾礼虽亲，脚下当防倒屣。

坐下脉情不对前峰，慎勿贪朝失穴。面前朝峰虽对，又防其峰脚顺水窜走也。不窜走，乃是真朝。故曰：顶虽尖圆而可爱，脚必走窜而顾他。此之谓也。

斜到正扦取局，正来侧下迎堂。侧龙直下，但取交金。直脉侧扦，翻成横圹。

龙脉斜到，穴则正扦。但以两水交金为据。龙脉正来，穴则侧下，迎堂龙正穴侧，故曰翻成横圹。

穴凹必须平正。

穴落凹处，必须凹处平正。不平正，乃界水耳，非真穴也，凹窝也。

背单但要乳长。

乳长则背单无妨，不长必要鬼托。否则仰瓦矣。

鬼还气以为奇。

鬼长能夺我气，若还在后障风，在下塞水，为我用神，又自奇也。

劫有情而反吉。

劫去本分我气，若有情环卫主山，反为吉也。鬼劫之龙，人所不喜。倘若还气有情，自结垣局，门户亦奇吉而可用。此正解上文亦一说。

后循脉气，休教丝线离针。前接堂情，无使夫妻反目。

作穴之法，内接生气，外接堂气而已。要接生气，必须后循来脉不可斗，不可脱，如丝线穿针，勿令离也。要接堂气，必堂情与穴情相应，如夫妇然，勿令反目。

屈曲但寻转变，高低切看来情。

龙脉自是屈曲而来，要细心寻他转变去处，则得矣。来情有阴有阳，穴情高低，看此以定。

水里人眠，勿使襟裾沾湿。

窝穴中必要乳突泡，谓之水里坐。如无，谓之水里眠。此乃金星开水窝之法。如无乳泡，就楞弦作穴，谓之藏头索气。否则沾湿也。

壁间灯挂，莫令裀褥倾油。

高穴必要微窝，阳中要有少阴，纯阳则沾湿矣。阴中要有少阳，纯阴则油倾矣。地理来来往往，只要阴中阳，阳中阴，再无别说。

桥流水不流，为脉法之真机。

桥流，喻脉行也。水不流两边，界水不流过面前，合襟也。此脉行不止，看脉者，此其真机。

水过山不过，乃穴情之妙处。

水过，两水交过，合襟也。山不过，脉为水界止而不行也。欲寻穴情，此其妙处。逆水，鎗头之有力。顺流，砂嘴之无情。砂嘴如鎗头，逆水则有力，顺水则无情。

顺砂过穴未言凶，尖杀藏锋反为吉。

又言砂之顺水，不可尽言无情。或环拦冲射之水，或过身横抱为案，又能藏锋，不露尖杀，则不凶而反为文笔之吉矣。故云：过身者，勿以顺嫌。

龙真穴的，始可论土色之精奇。

相地以龙穴为主，不真不的，纵土色精奇，何益。故曰土色次之。

堂舛砂讹，更莫问穴情之朕兆。

堂砂为穴证佐，又舛又讹，无穴可知，何必更言土色之美也。

水流生旺，但可用于砖头。

以方位论水流之生旺，此惟开沟砖上用之。若龙穴左右，只取水之屈曲，还顾有情而已。何论方位也。以见针盘卦例之不用也。

穴泥星辰，岂能移其板脚。

星辰罗盘方位之星辰，今人泥此点穴，岂知生成之穴，板脚定对蛤尖，岂星辰之所能移哉。

顺流扦平水，要堂局关锁，以固真气。逆穴作高坟，宜龙虎开张，以纳来情。

龙势顺结，扦穴不可太高，与水相平，仍要面前堂局关锁周密，使真气固而不散。最忌开张龙势，逆结砂水来朝，当作高坟。及龙虎，亦要开张，纳受来情，却嫌面前紧狭。

或为人之所同，不似我之所独。

独自享用砂水，不与人公共，方是真穴。此同不如独也。

背后卷空仰瓦，败自天来。

天财横结，须有鬼托。

面前反趨斜飞，气随形荡。

内有真穴，砂水自然抱护。反且斜焉，气荡可知。

星辰无化气，全凭融结之精神。

如上文所云，硬垄大，是无化气也。亦有流动可作穴处，必其融结极有精神，方可裁剪。若欠精神，又何凭焉。

作用有神功，要得裁剪之手段。变凶为吉，点铁成金。

点穴作用得法，自有神功，全在裁剪手段耳。有此手段，便可变凶为吉，点铁成金。非神功乎手段，即收山出煞，弃死挨生，接气迎堂，知止聚识，性情之类。上文句句皆是。性穴万万般，虽有性形，而无性主。吉龙处处有，纵有吉地，而无吉人。是以好地常存于世间，良师罕遇于知己。售术贵乎观德，明珠恐有暗投。择友妙在知言，至宝无庸妄泄。此书在处，当有神物护持。后学得之，即是先师亲授。

博山篇

宋　黄妙应著

概论相地法

论曰：凡看山，到山场，先问水。有大水龙来，长水会江河。有小水龙来，短水会溪涧。须细问何方来，何方去。水来处是发龙，水尽处龙亦尽，两水合才是尽。或大合，或小合，须细认。善知识，何以相？龙神上聚，登高相之；龙神下降，就下相之；穴土位中，对面相之；水来水去，侧身相之；砂左砂右，徒步相之；前朝后应，前后相之；眠彼堂，逼周遭，广野果，尔俱合，乃论阴阳，定向首，稽气候，正方偶，形势符，方位合，斯全吉，阙形势，不可插。失方位。减福力。善知识。此话概。

论　龙

寻龙法，寻祖宗，寻父母祖宗所居。极高之方，火星所结，顿起楼殿漫天。水星与渠相映，曰水与火，乃成既济。父母所居，中高之方，金星所结。爰有二星，内外相照，一父一母，是为对待。龙自此出，自此退卸，自此博换，才是行龙，才可结穴。若从大山便落，一节两边龙虎，名为假穴，何以故？不贯顶也。认得真龙，真龙居中，后有托的，有送的，旁有护的，有缠的。托多，送多，护多，缠多，龙神大贵、中贯，小贵，凭这可推。行龙的度，人身相似，开两手，分八字，抽胸膛，直前去，身正的，身歪的，偏左的，偏右的，叠串的，倒转的，趋高的，趋下的，变化多端，汝谛汝谛。八个相法，相何等相？二十八形，形何等形？九八变星，星何等星？分富贵贱贫，三样落法，自肩而落，自腰而落，中心而落，三落者各分枝，各分叶。中落，上肩落，次腰落，又次到尽处，真好真好！辨五势，龙北发朝南来为正势，龙西发北作穴，南作朝为侧势，龙逆水上，朝顺水下，此乃逆势。龙顺水下，朝逆水上，此乃顺势。龙身回顾祖山作朝，此乃回势。五者结穴，有顺局五，逆局五。以逆为贵，顺则减力，势之顺逆，论大江水。正、侧、逆、顺，祖山之水，皆可到堂。回势既远，盖砂障隔。祖山水难以到堂，但势盘旋兼水环绕，虽不到堂，其力反重。既得势了，便看水口，兼看下砂。但在逆取，不向顺裁。逆势者，情得水无下砂亦结地，顺势者，无下砂，有的近案乃可用。顾祖者远为优，近不知，何以故？远者龙长得水为多，近者龙短得水为少。龙犹树，有大干，有小枝。干长大，枝短小。干为荣，枝为卫。论低昂，何轩轾？若得水咸可用，枝干上，有疑龙，须细论。山双行，水居中，水双行，山内拥。水界龙。龙之行得水，界龙便止。何以故？气行地中，是曰内气。水流土上，是曰外气。外气界截，内气止聚。枝中眠脉，土脊是脉。陇中眠，骨石脉是骨。遥遥是势，迩迩是形，势来形止，生气可乘。龙欲其聚，不欲其散。龙欲其止，不欲其行。散余有聚，行余有止，得地之纪，何知是聚？城郭是聚，何知是止？结作是止，陇龙属阴，其气浮如，最怕风吹，支龙属阳，其气沉如，不怕风吹。何名峡山？断续这处是。两山相夹为蚨之吉，风吹水射峡是以凶。有正出的，有左出的，有转顾的，有正出斜过的，有侧出正过的，峡之出，穴如之，欲得穴，先推峡，能得峡，穴可明，两样地，十样过，宜细认。论向首，字对字。看何龙，作何向。看何峡，作何坐。因长短结远近。认得真，穴可定。龙神博换，从大博小，从高博低，断了断，乱了乱，穴必嫩，不曾断，不曾乱，便丑样，遇凶星，须博吉，方可用。不博吉，若要用，间星从，流星从。须细认。顺制逆，逆求顺，不晓得，生恶业，胡可用。龙穿帐出，厥力乃重。含金含水，这帐为上，纯水为中，两角有带，这帐为上。下垂为中，穿胸的帐，这帐为上，穿角为下。帐下贵人，这企业上。若居帐上，这个为下，左关右轴，这个为上。边有边，这个为下，灵泉养荫，异骨奇毛，皆能证验。欲详穴，先辨龙。不识龙，胡识穴？得龙真穴，有病可医，修若龙，贱修无益。但这龙，众人母，诞贵儿，在何方？须细认，勿因龙贵，妄认嫱穴，汝见龙形，当知穴形。莫待临穴乃尔失真。有飞龙的，龙蟠龙的，龙舞凤的，龙踞虎的，龙奔马的，龙游蛇的，龙平冈的，龙嵯峨的，龙尖射的，龙乱杂的。龙孤秀的，龙凡十一样，相穴状可知。或结禁经，或结蛟龙，或结鸾凤，或结狮象，或结马驼，或结弓剑，或结星月，或结将府，或结凶坛，或结营寨，或结神观，宜细沦，要博推，即后龙分年代，看何龙詹何属。审星宿，问方偶，亥、艮、兑、巽、丙、丁、辛、庚、巳龙之吉，法宜插。壬、子、癸、震亦中。论合穴，亥龙向，丙巽丁。艮龙向，丙庚丁兼辛巽。合星元，兑向艮卯巽。丁巽之向，亥艮辛丙之向，亦艮辛丁之向，亥奶临辛，合庚巽卯艮巳与亥对官，插壬之向，惟坤乙子癸向，俱午坤卯 之向庚辛位，此龙穴，俱合贵。寻兜者，认峦星，望灵气。定龙脉，何者来？何者去？考方位，注真气，加制伏，方得利。论龙神，详且未。有星垣，会者稀。识全局，知大地，有紫微，在太微，有天市。天虹来，天马至，古名都。眠不眠，高着眼，锲心记，诲尔龙，龙如是。

论穴

善知识，龙格下。有穴星。或金体，或木体，或水体，或火体或土体，此为正。有高圆金，有矮圆金，有金带水，有土带金，俱为全吉，金带火，金带木，水带荡，火带焰，俱凶星。有变的样子；无龙虎的，双龙虎的，有龙无虎的，有虎无龙的，左侧的，右偏的，左高右低的，右高左低的，开口的，不开口的，垂乳的。不垂乳的。百千样子：或睡卧势，或大坐势，或耸立势。睡者身仰，上气下行，穴宜下，坐者身隐曲，气中聚，穴且中。立者身高耸，气上行，穴直上。五龙作穴，横、直、飞、潜、回，穴变多歧。高忽而低，亦低而高，北忽行南，亦西而东，有闪走的，有斜飞的，有背水的，有临岸的。

穴有正体，有变体。正体如变，体难拘。有结水的，有结石中的，有散平地的，有现山脊的，有藏田心的，有逆跳翻身的，有斩截气的，有凭高取势的。势虽多端，要证佐。要得水。故曰：地理几卷书，总总是太虚。个中四个字，一个是真如。上数穴，皆奇状，皆怪形。宜用乐，宜用鬼，宜开堂，直取水。审所宜，勿失一。认穴法，何者真？何者假？山水向是为真，山水背是为假。何者生？何者死？风藏水，逆气聚是生。风飘水荡，气散是死。龙逆水，方成龙，穴逆水，方得穴，何以故？龙得水，在势逆，穴得水，在砂逆。龙将入首，逆转收收水，方得成龙。穴将融结，下砂逆水，方得成穴。穴局正偏大，宜细认。堂似弓，穴似箭，朝似的，把弓箭，执两匀，比对的，弓调匀，发必中，此可验。比对处，有明暗。明可见，暗不见。但正处，常在中，定穴左右乘气食。水龙右气，左龙左气。右气若归左砂便左抱，气若归右砂便右抱，左插者，乘左气，食左水。右插者，乘右气，食右水。穴有高的，低的，大的，小的，瘦的、肥的。制要得宜，高宜避风，低宜避水。大宜阔作，小宜窄作。瘦宜下沉，肥直上浮。阴阳相度，妙在一心。穴里元元，何以省得？审阴阳，定五行，决向背，究死生，推来历，论星峰，看以头，论分合，观其明暗，核其是非。察其缓急，慎其饶减，知其避忌，精其巧拙，定其正偏，审其隐露。上乘金，下相水，中穴土，旁印木，外藏八，内秘五，不离隐约，一圈之中。这一圈，天地圈。圆不圆，方不方，扁不扁，长不长，短不短，窄不窄，阔不阔，尖不尖，秃不秃，在人意见，似有似无，自然圈也。阴阳此立，五行此出。圈内微凹似水非水。圈外微起，似砂非砂，分阴分阳，妙哉至理！阴不离阳，阳不离阴，真个妙用。大阴阳，小阴阳。大交度，小我度。大分合，小分合。自一至九乃至九九，皆阴阳，妙也。五行妙也。善知识，知之乎？不知之乎？这阴阳，有聚散，何以辨？上小下大，是为阴脉，中微有突。上大下小，是为阳脉，中微有窝。阴气在里，厥脉沉如。阳气在表，厥脉浮如。高低之之法，瞻前顾后，视左应右，依心为准。左一步，右一步，前一步，后一步，想一想，看一看。他是我，我是他。不要忙，不要乱，不可露，不可陷，案中准，咫验，眉上齐，心上应。浅中深，深中浅，最难辨。气有浮沉，土有厚薄，晕有大小，翼有高低。土中痣，切须知，土中癜，切须忌。穴局圆净，是为全吉，出直现尖，须力避却。一边直。一边尖，神煞露，法宜盖，高处穴也。左右低，带尖直，神煞窜，法宜落，低处穴也。左尖直，右而无，右尖直，左而无，神煞偏，法宜避，下侧穴也。苦认龙点穴，即善男信女，身到头来。龙格下顿星峰为男相。阳中阴，须有窜，有少阴窝，晕中韭叶窝，是有太阴窝，晕中锡底窝，是若阳龙下阳穴，主死别与生离。龙格下即结穴，此女相。阴中阳，须有泡。有少阳泡，晕间微结块。是有太阳泡，晕中见乳泡。是若阴龙下阴穴，主风声且破家，作之法，审缓急直斜，审长短高低，审阔狭浅深，审单双正偏脉。缓高之脉，急下之脉，直偏之脉，斜正之，皆少阴作也。脉短，从头分之，脉长，从中分之。脉高露顶就之。脉低凑脚就之，皆少阳作也。脉狭，当心下之，脉阔取气而下，脉深揭起就高。脉浅浮上就气，皆太阴作也。脉单而虚则就其实，脉双而长则取其短。脉之正者当侧受之，脉之偏者当正受之窜，皆太阳作也。脉之病急，须知首乱石，身浪痕，臂低折，脚走窜，水断肩，山破腹，唇上缺，嘴下尖，肚饱满，皆穴病，轻则整，重则弃。去水地，最可忌。龙虎窜，最可忌。穷龙无案，此亦可忌。孤龙无朝，此亦可忌。穴有贼风，当避刚避；明堂低下，当培则培，相其轻重，细加剪裁。

智者步龙，巧者得穴。得穴步龙，得者十八。步龙寻穴，得者十一。

气不和，山不植，不可插。或奇纹，土隐中，法宜插。

气未止，山走趋，不可插。或腰结，或横龙，法宜插。

龙未会，山而孤，不可插。落平阳，水堂卫，法宜插。

气不来，脉断续，不可插。自然断，断了断，法宜插。

气不行，山磊石，不可插。或异骨，土隐中，法宜插。

五吉星，可取用，四凶星，勿妄裁。博好龙，逆好水，凶化吉，理须猜。

论五星，辨贵贱。论传变，辨祸福。论形体，辨吉凶。

合阴阳，化阳阴，较耳脸，扶龙神，吉宜挨。凶铁侵。

金线宫，玉缠位，分得明，为上瑞。

课山主，何主星？何年代？值则荫，课年命，何穴星？何生人？值则荫，课公位，是何星？是何位？值则阴，课年月，属何星？何年发？课坐向，属何星？何方坐？课山水，得几步，几世益。课去来，那边来，来则福。课生死，那边生，生则福。九者样，百者形，是不是，真不真，眼中见，心中眼。起起起，伏伏伏，来来来，堆堆堆，阳精转，阴血随。知牝牡，识雌雄。穿针眼，把翼肩，杖上取，指上安，罗纹固，土宿横，二星曜，决通灵，透地法，勿虚传。验不验，然不然，辨五土，为正诠。或开堂，或穿圹，或作堆，俱有法。或开门，或放水，或取路，须端的，作用底，有专门。训尔曹，须勉旗。

论 砂

砂关水，水关砂。抱穴之砂，关元辰水。龙虎之砂；关怀中水。近案之砂，关中堂水。外朝之砂，关外龙水。周围环抱，脚牙交插，砂之贵者，水之善者。两边鹄立，命曰侍砂，能遮恶风，最为有力。从龙抱拥，命曰卫砂。外御凹风，内增气势。挠抱穴前，命曰迎砂。平低似揖，拜参之职，面前特立，命曰朝砂。不论远近，特来为贵。四砂惟朝，关系匪轻，高低穴法，只此可凭。

本身横案，亦是朝神。插水砂，进田笔，祸福紧，万勿失。水左来，山右转：水右来，砂左转，抱内水，插外水，所以贵。龙与虎，吾掌中。随身取，为至功。穴若真，必不顺；穴若假，岂肯逆。若借外砂，名曰护从，环抱低平，左右相应。其或不变，藉案横拦，亦能收水，此亦可插。上水宜长，下水直短。下水若长，下砂要转。亦有偏龙，水自右来，左宫贵穴。亦有偏虎，水自左来，右宫贵穴，或正用，或斜裁，知正知变，顺逆安排。又有龙虎，结成顺局，须抱过腕，臂末起峰，横拦亢前，亦多成地（或得近案逆水而上，又不可概以顺局）。主短朝长，是朝逆主，主长朝短，是主逆朝，名为变势。若道其常，主朝相若，是为正势。两山相会，水变相交，朝山贵峰，或三或五，尖员端秀，是为上格。短缩之形。虽秀减神，时或横过，突起对峰，意非行朝，亦有可取。身脚水路，不我相向，偏斜走窜，无所取裁。言山之水，赖朝锁纽。朝山之水，趋向主龙，休论尖员，何拘本方！查要端正，真水到堂。有等大地，主山固逆，朝山迹逆，三阳之水，乃无走泄，发龙虎后，抱龙虎前，此名近案。或发龙腰，亦为案取，贵下生上，勿上生下。有案无朝，内水了收。有朝无案，亦赖前砂。朝案俱无，护砂前插，法若背此，穷龙之宅。朝不厌远，案固欲近。案秀尖员，厥形为上。一字平过，得案正样，中高中低，几几相合，高凌低脱，云胡可论。水口之砂，最关利害，交插紧密，龙神斯聚。走窜顺飞，真龙必去。

砂有三，高、贵、贱。肥、圆、正为富局。秀尖丽为贵局，斜臃肿为贱局。砂砂有杀，汝知乎！有尖射的，破透顶的，探出头的，身反向的，顺水走的，高压穴的，皆凶相也。又有相斗的，破碎的，直强的，挟逼的，低陷的，斜乱的，粗大的，瘦弱的，短缩的，昂头的，背面的，断腰的，皆砂中祸也。夹护之砂，须要审详。左护的多，必为左穴。右护者多，必为右穴。迎托之砂，须认下落。后托之砂，有边长的，有边短的，穴在长边，此亦可据。四砂法，若推磨，龙与虎，事若何？吉吉吉，凶亦多。后元武，要垂头。祸与福，谁与招？前朱雀，尤紧急，要翔舞，须轩豁。吉凶机，须早察。

有盖砂，高大盖穴者是。有照砂，正照穴场者是。有乐山，出穴星，后者是。尖尾鬼，尖属火，乃主贵。齐尾鬼，齐属土，只主富。横龙穴，须认此。若正出，任有无。曜气何？插两臂，龙虎外，拖衣袖。官星何？前砂外。官属阴，曜属阳。不见者见，见者不见。前后左右，气之剩余。尖员直方，气之秀发。向外侧吉，反射则凶。参以龙穴，细细研穷。天有北辰，地有镇星。生居水口，角幞分明。亦有兽星，与夫螺星，方圆尖石。马象龟形，如鸾如凤，平地高冈，论力之重，夷掌水中。印砂何取？鱼砂何论？顾我为真，真我弗问。西方为佳。妙在艮巽。巽丙丁，砂之秀，乾坤艮，亦吉曜。若罗列、可推究。木克土，土克水，水克火，火克金，金克木。木生火，火生士，土生金，金生水，水生木。生中克，克中生，看何方，何星属，何星旺，是的地。砂之形，穴之应。勿失真，认而认。宜立堆，宜作坪，论生克，讨分明。宜开池，宜筑坝。论制化，俱有验。化凶吉，随龙神。妙中妙，心中明。喝砂形，随时见。是何方，则何荫。

论　水

聚水法，要到堂。第一水，元辰方，食母乳，养孩婴。第二水，怀中方，食堂馔，会养生。第三水，中堂水。积钱谷，家计隆。第四水，龙神方。广田宅，大官方。水口山，论远近。龙长短，此正应。识大小。辨逆顺。何以分，来者是。何以合，止者是。堂中受，瓮中贮。欲识龙，在识水。欲识水，在识中。识得中，逆之中。水近穴，须梭织。到穴前，须环曲。既过穴，又梭织。若此水，水之吉。与龙逆，与穴逆，与砂逆，水之得。山趋东，水自西。水趋东，山自西。山返转，水如如。水返转，山如如。皆真逆，见莫拘。两水合，无逆局，穴亦非。看水城，转何处。论得穴，此足据。山坐北，面向南，水自西，趋而东，转而北，北有地。何以故？水之抱，抱在北，气斯聚。宜融结。类而推，穴易得。有捍门，守御固。有罗星，纽会全，为剑戟，为旗槊。为车马，为狮象，为鹅雁，为凤鸾。看二星，论头尾，高与低，穴之据。观紧慢，知有无。观形势，知大小。寻龙门，点穴户。水口密，下砂顾。龙若住，水口狭。若不住，便宽阔。见怪形，论得水，五龙落，四水聚。真血脉，真生气。洋潮汪汪，水格之富。湾环曲折，水格之贵。直流直去，下贱无比。有形与穴克的，穴小水大的，穿破堂局的，穴前割脚的，过穴反背的，尖射穴的，皆从凶论。寻龙认气，认气尝水，其色碧，其味甘，其气香，主上贵。其色白，其味清，其气温，主中贵。其色淡，其味辛，其气烈，主下贵。若酸涩，若发馊，不足论。水为朱雀，亦是贵局。有声为凶，无声为吉。咚咚可取，最忌悲泣。论水远近，当山高低，加减之则，此亦可推。或绕穴后，或绕左右，皆为吉地。

面前水法，尤宜精细。水口重重，将相之关。山欲水口，倍加结。平阳水口，势自停纡。外海洋潮，胜于交织。水口虽阔，纳水之域，或无朝山，真水无山，或无朝山。或无朝水，真山错环，左右变牙，气聚其间。山应稍迟，水应神速。山行益后，水行益前。大约世数，不过十步。若问祸福，断在何方。占水乘舟，决水量地，阳脉几尺，阴脉几尺，要知水法，元情空色。何为阳？巽丙及丁、震、庚、艮、亥、辛、巳、壬方水，法之吉，嗣以凶祥。上中下格，还看龙神。龙贱水贵，亦非全吉。水贱龙贵，也堪从革。论明堂，善知识，吾语汝。明堂法，明堂里。会神仙，识明堂，穴可扦。小明堂，穴前是。中明堂，龙虎里。大明堂，案内是。此三堂，聚四水。水上堂，穴即是。低平洼，方是处。要藏风，要聚气，良可喜。气不聚，空坦夷。其中最重惟中明堂。锁结要备，纽会要全。山脚田岑，关插重重，气不走泄，福自兴隆。堂聚水，名蓄内气。洁净为佳。塞块为病。增高就卑。谬妄自若，恣妻穿凿，伤残真气，反惹祸基。堂之广狭，随龙长短，龙远堂宽，斯为正法。龙近堂小，形势乃宜。山谷宽好，平阳狭作。宜狭而宽，便为旷野。当宽而狭，真气不发。宽不至旷，狭不至逼，斯名全吉。或堂中窟坑，堂中壅塞，山摧岸落，四面不足，山脚射身，倾斜崩陷，皆堂病也。其势四平，高下分明，中低傍起，屈曲回环，横得好，直得好，圆得好，方得好，扁得好，皆好相也。忌有土山，忌有巨石，忌有土堆，忌长荆棘，忌作亭台，忌多种植。天光下照，吉水长流。看水聚左，看水聚右：看水聚中，凭兹论课，取用最灵。既明堂局，要识堂气。一白好，五黄好，六白好，八白好，九紫好，此为五吉。又忌四凶，二黑宜忌，三碧宜忌，四绿宜忌，七赤宜忌。放水去，放水来，宜倒左，宜倒右。要合法，勿妄裁。

论田宅

论田宅，理无二。但穴法，分险易。势来趋，亦可居。势若止，须坦夷。起楼台，立亭院。俱有法，非虚语。木之星，金之星，土之星，作居宅，子孙兴。火之是生，为龙神，须博换，乃可扦。水之星，须止聚，和土咸，水口固，财星临。明堂阔，更坦平。路要环，水要缠，门中正，家道成。看城居，论入局。论明堂，论水曲，论卑高，论广狭，论门庭，论比屋。虎忌冲，龙忌压。反恭伤，楼台杀。天井深，开井局。岑太高，岑太促。入首来，覆金局。逢土安，逢木发。水则倾，火则覆，细推详，毋恍惚，看乡居，论胎息，论阴阳，论缓急，论浮沉，论起伏，论龙虎，论缠托，论朝案，论城郭，论水口，论八国，明饶减，乃架屋，妄增高，瓷穿凿，伤龙神，消己福，路从水，门从木，精水位，详作法。

论平地

语汝高山法，平地亦可猜。看坐立，知高山。看睡卧，知平地。龙与砂，水与堂，原无二。起一起，便是山。低一低，便是水。开一开，便是钳。正仰面，此作穴。脚在上，顶在下，后坐顶。前对乳，傍开睁。合星辰，形体真，勿妄扦。陇中形，得支性，支中形，得陇性。急中取，缓中裁。毋妄猜。支扦顶，顶留献，陇葬足，足留趾。论五星，分位分，细劳神。风水字，要分明。得水处，便藏风。水之来，风之去。地户闭，天门开知其诀，登仙台。天下道理，阴阳五行。阴阳五行，不离一圈，这一圈者，生死之窍，天地之间，有小的圈，有大的圈，识得此圈，处处皆圈。

偈曰：

白玉圆圆一个圈，乾旋坤转任自然。

能知圈内四般趣，便是人间行地仙。

此祖师见理之精也，心法之妙也，绎此数言，天下道理尽在是矣。

曹仙（名乐）赞曰：

我师妙诀千载心传，云依日月水满山川，

阴阳无始天地无边，开门一笑满目真元。

历仙（名伯韵）赞曰：

不见先生面，雅闻先生诀。

大哉我曹师，千载传真法。

黄妙应代表作：怪穴金盘献花形

真龙藏幸穴奇怪，俗眼何曾爱？
天珍地秘鬼神司，指点待明师。
明师堪破玄机诀，秘密不敢说。
恐君缘福或轻微，指出泄天机。
龙真穴丑，不害其为贵地。
朝对秀丽，龙虎抱卫，而坐下无龙
葬者败绝，顾何益哉！

傅夏器祖地怪穴金盘献花形：来龙甚远，地结平冈，周环皆石环绕似盘样。盘中小石旋转，穴安中央，以小石为坐为朝为龙虎，结地石巧穴。南安傅氏家族名墓，在泉州府西北七里，仙师黄妙应下，人丁科第，自宋至今，四五百年旺盛。傅公夏器登嘉靖庚戌进士，富贵未艾。此地怪异，非仙师不能下。傅夏器，字廷璜，南安锦田村人，人称锦田先生，嘉靖庚戌科（1550）会试第一，考试文章一出，京都人士盛赞其文为“从来会元所未有”。官至吏部郎中，不满阁臣严嵩独揽朝政，离职归隐，万历二十二寿高年86岁卒，墓葬金鸡报亲寺西。

金盘戏花形

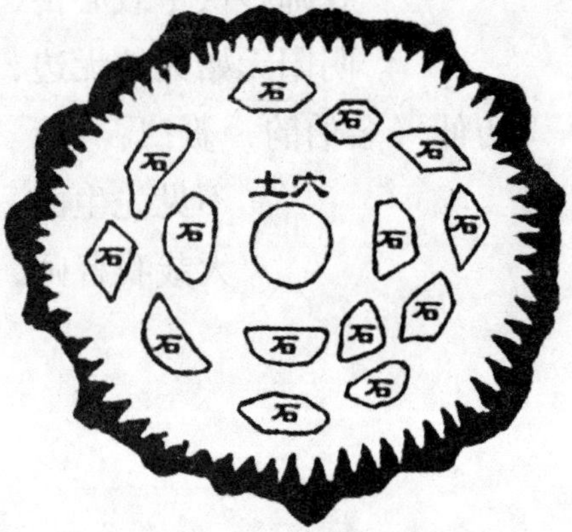

南安傅氏祖地

寻龙记

唐　曾文迪

上　篇

寻龙先寻宗与祖，不辨祖宗何足语。
大山高耸是真龙，踊跃奔腾俦可伍。
乾坤位奠阴阳分，龙布雌雄须认取。
两边夹从看尊卑，三里五里相随护。
先看应龙在何处，主客相迎各回顾。
或居水口或平田，或近江湖或大路，
或如猛虎奔青山，或似渴龙投水去。
欲落未落雁南飞，欲住未住群鸦聚。
龙若住时山水回，龙未成时山水去。
山冈到处有阴阳，只恐时师不遭遇。
或过江河或不见，任使时师寻教偏。
或居深谷或深潭，须看应龙仔细辨。
有人识得此真龙，一似曾杨亲会面。
或藏形、或隐迹，要知去住登高觅。

磊落高峰骨脉真，左右从龙君要识。
断续不过三五里，束带峰腰鹤膝是。
龙若住时有明堂，入穴先看左右臂。
面前玉案若横遮，更有应龙当面起。
请君下穴细裁量，不久子孙官爵至。
要别阴阳辨风水，龙要十分水十二。
山为门户欲坚牢，水为血脉须秀吉。
且寻坐下正龙位，纵少朝山也尊贵。
龙来远远穴天然，依经点穴胜前贤。
三阳六建当坟照，千金莫乱与人扦。
若徒按卦推音取，失了杨曾二大仙。
共说前山三与五，笑杀时师全不悟。
山头将取地罗移，便道阴阳居此处。
不寻地脉看来龙，空有贤宾无好主。
真龙剥换妙难穷，仔细推寻莫失踪。
作穴但看隈暖处，前有朝山起数重。
子孙俊杰天然别，富贵荣华达圣聪。
下穴为父朝为母，父母相逢龙势住。
从龙兄弟要相逢，白虎青龙为子乳。
邻姻伯叔若团圆，坐下千金无买处。
逆龙卷穴难寻讨，细脉迎朝福深奥。
洋洋大水逆西关，下了便生国之宝。
逆虎卷穴上东林，细脉迎朝福转深。
扬扬大水东宫锁，下了为官满国钦。
山若急时慢处安，临穴入路似龙蟠。
面前秀山并秀水，下了令人出大官。
山若慢时急处下，莫遣明堂倾复泻。
要令当面水阳朝，列土分茅荣五马。

小山须去大处寻，教君此诀值千金。
大山须去小处觅，高欲齐眉低应心。
龙若住时便生枝，枝上分枝更有儿。
但寻气脉相连续，下后儿孙着锦衣。
捉脉寻龙何者是，此诀凭君须仔细。
山山去了不回头，子卖爷田偷写契。
一名唤作倒庄山，忤逆子孙君切忌。
懒龙孤弱卧茅冈，有钱不肯买田莊。
牵连公事遭罗网，子息分离出外乡。
更有翻花龙最别，幡带从头来不绝。
前有香炉礼经山，又有旌幢并宝节。
定知寺观及僧堂，社庙神坛人祭设。
其余变换几多般，尤籍时师眼力宽。
但认雌雄交度处，不论逆顺尽堪安。
此是寻龙端的记，为报时师须仔细。
若能穷尽此真经，一似曾杨亲出世。

中 篇

为报山人寻地理，须看寻龙记。
寻龙先寻宝殿宫，太乙在其中。
忽然紫气山回抱，三台朝伏好。
发迹先看祖宗来，山顶势徘徊。
大公若得小公住，雌雄分两路。
左回右抱穴分明，宾主要相迎。
随龙两边俱朝揖，山形诸龙集。

一山走去一山回，不是正龙来。
乱龙三条五条起，中有一条是。
一山拱揖一山亲，即是正龙身。
单雌单雄不用看，休要劳心算。
大公若得小公龙，旌节起重重。
左右若有众山揖，明堂真龙集。
四畔团圆似月形，认取正龙行。
大凡看龙先看势，须用龙楼起。
两边相揖对明堂，龙虎要相当。
水口捍门华表起，穴在天心里。
便有贵人品字形，半月乱如星。
认取主山何处出，换龙并换骨。
龙贵禄马在何方，拜职要相当。
文笔尖峰在左右，火星临坟照。
天官武库两边朝，便出大官僚。
要识闪龙不作穴，落处何劳掘。
回头望取太阳冈，且用主人长。
水口若有交牙石，相似龙踪迹。
星峰旗鼓揖团圆，宰相朝天去。
奉劝时师着眼睹，认取真龙度。
登山涉岭望西东，识得龙行踪。
或在高原无空缺，前有圆峰出。
若然穴隐便为尊，好恶细推论。
或在平田水口里，落处应龙至。
天乙太乙两边朝，世出贵人苗。
或在路傍人不识，下了令人忆。
不是时师眼不开，留与福人来。
或在江村或溪侧，真龙隐踪迹。

龙楼宝殿两相当，代代近君王。
或似渴龙奔江水，华盖后头起。
前有顿笔入云中，四畔起圆峰。
或行或去回头望，应龙尊贵旺。
寻取正龙去住场，看落在何方。
一要山来二要水，便合阴阳位。
停停去住有雌雄，此地足堪逢。
水即经年犹解转，山冈勿移换。
看取团圆柜库冈，便是贮禾仓。
不是真龙莫乱说，何用劳心诀。
不是真龙把作龙，下了即贫穷。
龙行自有龙行势，落处贵人对。
四畔峰峦似列仓，龙在里头藏。
踊起高峰头背拱，或轻又或重。
楼台鼓角两边迎，走马又屯兵。
执杖排衙并插笏，风炉茶具出。
幞头天马及御街，踏节两边排。
忽然顿旗前面耸，府帅兵权重。
或然鱼袋左边来，金榜御门开。
武曲笏山当坟起，不怕头尖利。
展袍诰轴更相随，代代锦衣归。
日月捍门居水口，印山勿低小。
天关地轴自相迎，宰相入朝廷。
更有交床并华盖，落处相萦带。
垂帘挂幕应坟前，世代碧幢眠。
龙山双管进田笔，进契年年喜。
右边尖射便为凶，千万莫相逢。
虎山须是弯弯曲，此地方为福。

惟有左山救得人，世代不教贫。
忽然后龙带仓库，下了家豪富。
金柜相随公祖来，叠叠后头堆。
一重山来为一代，说了时师会。
看他出贵在何方，其命要相当。
若在子午卯酉出，此命人逢吉。
寅申巳亥位方临，此命抵千金。
若在辰戈丑未向，此命人兴旺。
太岁其年应信来，富贵人自催。
好地用寻年月利，日时相随至。
浅深下穴用心机，此诀极玄微。
穴土须逢五色佳，辨取温润处。
忽然突露失包藏，下了受灾殃。
秘密仙人论如此，父不传于子。
学得自要逞神通，识透古人踪。

下 篇

殷勤为报时师道，寻龙莫潦草。
寻得真龙穴法真，下了救人贫。
要识寻龙至妙法，最高峰顶踏。
远望四山龙发枝，血脉要相随。
节节生峰起祖宗，细认龙行路。
摆身直下是真龙，会者尽皆通。
广涧平阳无起处，巨门星为主。
尖尖顿起细侵云，敌国上将军。

破辅贪廉星出猛，天下人钦敬。
石龙石骨过江河，子息做龙图。
面前若见大溪水，宰相神童位。
巨文二位发龙行，寺观有声名。
六节以来廉贞起，神庙佛场地。
禄存磊磊作来龙，扦穴定灾凶。
武曲好星天外起，财帛重重至。
天乙太乙后头高，代代出英豪。
左右从龙来迎接，堆峰三五叠。
面前峙立应龙山，代代出高官。
龙行恰似开船势，桨棹两边对。
山回水曲两相饶，富贵足官僚。
龙若住时手足乱，恰似船泊岸。
两边一似舡棹桡，对对尽来朝。
四神八将山来望，观见龙神旺。
员印面前有吐珠，交仕定无虚。
寻龙望取迎龙案，拜相分明见。
四畔山冈似倒枪，龙在里头藏。
端正明堂员尊贵，四畔山峰对。
前遮后拥似驱羊，代代入朝堂。
第一正龙坐正骨，大官从此出。
正穴须教出大官，一举作魁元。
第二回龙转作穴，要识龙骨节。
山山来聚穴分明，朱紫满朝廷。
龙未住时身头去，认取龙行度。
龙若住时穴便知，脚手落迟迟。
寻得龙穷在此住，便识龙藏处。
踏着龙神心里惊，方是正龙形。

更有石脉来龙好，切莫向人道。
生处腾腾险峻冈，凉伞盖头藏。
四畔团团质库起，案山前立峙。
功曹传送起员峰，此地出三公。
更有飞龙似凤翊，万里回头揖。
前去后起似驱羊，须得主山长。
踊跃起伏如征战，将相朝金殿。
恰似瓜藤棚上行，落处看朝迎。
山凹绝顶并翼尾，不用言有地。
真龙泊处好山峰，八卦自然通。
好地自有天然穴，六神是闲说。
阴管后头阳管前，会者是神仙。
有龙恰似朝天子，左右山来止。
岭背有山阴里藏，富贵起官僚。
来山有石高耸起，不怕黄并赤。
天关地轴要相当，下穴细裁量。
寻得地穷便下穴，莫与时师说。
扦穴之法最难论，须是暖焞焞。
要识山头十二穴，何者为生灭。
后学时师莫乱扦，下后绝人伦。
识得龙骨及龙身，下着济人贫。
或时换龙或是正，用识龙心性。
穴作之时恰似人，盘古正其身。
天穴须高莫近顶，但取朝山正。
顶头一穴主离乡，仔细莫惮惶。
人穴却居天穴下，富贵为官也。
地穴更低人些些，只是出豪家。
地穴号为泥水穴，为官亦卑劣。

儿孙久后绝除踪，更怕水来冲。
入穴欲得后龙远，一起一伏健。
若逢正穴为君裁，富贵一时来。
入穴须得明堂正，水口圆峰应。
入穴莫逢三不来，钱谷变成灰。
掌中真诀无人会，度了也须悔。
时师不识天官坟，好恶为君分。
大官之地龙弯曲，四面水回伏。
或大或小或峰腰，或住或如超，
若然龙似水波到，为官世代好。
四畔周遮拱一峰，横案两三重。
龙若横来徘徊落，用别龙好恶。
二三十里到停停，恰似一龙行。
龙若远时龙身健，朝拜分明现。
龙若住时有包藏，山水自相当。
从前一卷真奇绝，杨公亲口诀。
时师胡掘乱安坟，那解救人贫。
若人收得此三卷，读了人钦羡。
此中义理深且长，莫把作寻常。
见此文书人皆喜，收付巾箱里。

青囊经

秦　黄石公

黄石公，约公元前二百二十年间秦朝人，大学者，精通文理。全经共分三卷：上卷叙述河图五气、洛书方位与阴阳二气融合而化成天地之定位等学理，故谓之化始。中卷说出天地间形气依附与方位配合而成一体的动力，故谓之化机。下卷说明天地间形气方位与各种法则配合后的影响力，故谓之化成。

上卷化始

天尊地卑，阳奇阴偶，一六共宗，二七同道，三八为朋，四九为友，五十同途，辟阖奇偶，五兆生成，流行终始。八体宏布，子母分施，天地定位，山泽通气，雷风相薄，水火不相射，中五立极，制临四方，背一面九，三七居旁，二八四六，纵横纪网。阳以相阴，阴以含阳，阳生于阴，柔生始刚，阴德宏济，阳德顺昌。是故阳本阴，阴育阳，天依形，地附气，此之谓化始。

蒋大鸿注：此篇以无形之气，为天地之始，而推原道之所从来也。夫阳气属天，而实兆于地之中，圣人作易，以明天地之道，皆言阴阳之互为其根而已，天高而尊，地下而卑，然尊者有下济之德，卑者有上行之义，一阴一阳，一奇一偶，其数参伍，所以齐一，其形对待，所以往来，天地之匡廓，由此而成，四时之代谢，由此而运，万物之化育，由此而胚，夫此阴阳奇偶之道，随举一物，无不有之，天地无心，圣人无意，自然流露，而颖其象于河图，遂有一六共宗，二七同道，三八为朋，四九为友，五十同途之象，圣人因其象而求其义，以奇者属阳，有天一天三天五天七天九之名，以偶者为阴，而有地二地四地六地八地十之名，盖有一必有二，有三必有四，有五必有六，有七必有六，有七必有八，有九必有十，所谓参伍之数也。此一彼二，此三彼四，此五彼六，此七彼八，此九彼十，此所谓对待之形也。天数与地数各得其五，此所谓一成之数，而百千万亿无穷之数，由此而推之也。天数地数，各得其五，合二五而成十，盖有五即有十，犹有一即有二，阴阳自然之道也。故有天之一，即有地之六，有地之二，即有天之七，有天之三，即有地之八，有地之四，即有天之九，有天之五，即有地之十，此阴阳之数，以参伍而齐一者也。

易曰：五位相得，盖谓此也。而一六在下，则二七必在上，三八在左，则四九必在右，五居中，则十亦居中，此阴阳之数，对待而往来者也。易曰，五位相得，而各有合，盖谓此也。以其参伍而齐一，故一奇一偶灿然而不棼，以其对待而往来，故奇偶之间，而一阖一辟，潜然而自应，此生成之所从也。天一生水，而地六成之，地二生火，而天七成之，天三生木，而地八成之，地四生金，而天九成之，天五生土，而地十成之，一生一成，皆阴阳交媾之妙，二气相交，而五行兆焉，降于九天之上，升于九地之下，周流六虚，无有休息，始而终，终而复始，无一息流行，则无一息不交媾，当其无而其体浑然已成，当其有而其体秩然有象，圣人因河图之象数，而卦体立焉，夫河图止有四象，而卦上成八体十何也。

盖一画成爻，爻者交也。太始之气，止有一阳，是名太阳，太阳一交，而成太阴，是曰两仪，太阳太阴再交，而成少阴少阳，并太阳太阴，是曰四象，此河图之显象也。盖即河图每方二数，析之则有八，此河图之象隐而显者也。

故卦之八，由于四象，爻之三，由于三交，乾坤二卦为母，六卦为子，此八卦之子母也。诸卦自为母，三爻为子，此一卦之子母也，以此分施造化，布满宇宙之间，于是举阳之乾为天，对以阴之坤为地，谓之天地定位，天覆于上，则地载于下也，此阴阳之一交，而成天地者也。举阳之艮为山，对以阴之兑为泽，谓之山泽通气，山载于下，则泽受于上也。举阳之震为雷，对以阴之巽为风，谓之雷风相薄，雷发于下，则风动于上也。举阳之坎为水，对以阴之离为火，谓之水火不相射，水火平衡，形常相隔，而情常相亲也。此三阴三阳之各自为交，而生万物者也。先贤以此为先天之卦，伏羲所定，本于龙马负图而作，实则浑沌初分，天地开辟之象也。四象虚中，而成五位，此中五者，即四象之交位，乾之真阳，坤之真阴，皆无形而为土之形，此土之下为黄泉，皆坤地积阴之气，此土之上为清虚，皆干天积阳之气，而土肤之际，平铺如掌，乃至阴至阳，乾坤交媾之处，水火雷风山泽，诸凡天地之化机，皆露于此，故中五者，八卦托体储精，成形显用之所也。故河图洛书，同此中五以立极也。

河图虽有四象，而先天阳升阴降，上下初分，未可谓之四方，自中五立极，而后四极划然，各正其方矣，有四方之正位，而四维介于其间，于是八方立焉，统中五皇极而为九，分而布之，一起正北，二居西南，三居正东，四居东南，五复居中，六居西北，七居正西，八居东北，九居正南，谓之九畴，此虽出于洛书，而实与河图之数符合，天地之理，自然发现，无不同也。布其位曰，戴九履一，左三右七，二四为肩，六八为足，其八方之位，适与八方之数均齐，圣人即以八卦隶之，而其次序曰，坎一，坤二，震三，巽四，中五，乾六，兑七，艮八，离九，此则四正四维，不易之定位也。数虽起一，而用实首震，盖成位之后，少阳用事，先天主天，而后天主日，元子继体代父为政也。易曰，帝出乎震，齐乎巽，相见乎离，致役乎坤，说言乎兑，战乎乾，劳乎坎，成言乎艮，一二三四五六七八九者，古今之禅代推移，周而复始者也。震巽离坤兑乾坎艮者，日月之出没，四时之气机，运行迁谢，循环无端者也。先贤以此为后天之卦，昔者大禹治水，神龟出洛，文王因之作后天之卦，岂伏羲画卦之时，未有洛书，而大禹衍畴之时，未有后天卦位耶，窃以为图书，必出于一时，而先天后天卦位，亦定于一日，伏羲但有卦爻，而文王始系之辞耳，河图洛书非有二数，先天后天非有二义也。特先天之卦以阴阳之对待者言，有彼此而无方偶，后天之卦以阴阳之流行者言，则有方偶矣，至其作卦之旨，要在于阴阳之亘根则一也。夫易之道，贵阳贱阴，则阳当为主，而阴当为辅，而此云阳以相阴者何也？

盖阳之妙，不在于阳，而在于阴，阴中之阳，乃真阳也。故阴为之感，而阳来应之，似乎阴反为君，而阳反为相，此经言神明之旨也。然阳之所以来应乎阴者，以阴中本自有之，以类相从，故来应耳，岂非阴含阳乎，阴含阳则能生阳矣，一切发生之气，皆阳司之，则皆自阴出之者也。刚柔即阴阳，阴阳以气言，刚柔以质言，易曰：乾刚坤柔，又曰：刚柔相摩，八卦相荡，八卦之中，皆有阴阳，则皆有刚柔，若以阳为刚，以阴为柔，则宜乎刚生于柔矣，而乃云柔生于刚者何也；无形之气，阳刚而阴柔，有形之质，阴刚而阳柔，于有形之刚质，又生无形之柔气，质生气，气还生质，故曰柔生于刚也。凡其所以能为相助，能为包含生生不息，如是者，则以阴之与阳，盖自有其德也。惟阴之德，能弘大夫阳，以济阳之施，故阳之德，能亲顺夫阴，以昌阴之化，此阴阳之妙，以气目感，见于河图洛书，先后天之卦象者如是，由是则可以知天地之道矣。天地之道，阳常本于阴，而阴常育于阳，故天非廓然空虚者为天也。其气常依于有形，而无时不下济，地非块然不动者为地也。其形常附于元气，而无时不上升，然则天之气，常在地下，而地之气，皆天之气，阴阳虽曰二气，止一气耳，所以生天地者此气，所以生万物者此气，故曰化始也。

中卷化机

天有五星，地有五行，天分星宿，地列山川，气行于地，形丽于天，因形察气，以立人纪。紫微天极，太乙之御，君临四正，南面而治，天市东宫，少微西掖，太极南垣，旁照四极。四七为经，五德为纬，运斡坤舆，垂光干纪，七政枢机，流通终始。地德上载，天光下临，阴用阳朝，阳用阴应，阴阳相见，福禄永贞，阴阳相乘，祸咎踵门。天之所临，地之所盛，形止气蓄，万物化生，气感而应，鬼福及人，是故天有象，地有形，上下相须而成一体，此之谓化机。

蒋大鸿注：此篇以有形之象，为天地之化机，而指示气之所从受也。上文既明河图洛书，先天后天八卦之理，圣人作易之旨尽于此，天地阴阳之道亦尽于此矣，然圣人不自作易，其四象八卦，皆仰法于天，故此篇专指天象以为言，夫易之八卦，取象于地之五行，实因天有五曜，五曜凝精上，而五行流气于下，天之星宿，五曜之分光列象者也。地之山川，五行之成体结撰者也。故山川非列宿，而常具列宿之形，观其形之所呈，即以知其气之所禀，夫有是形，御是气，物化自然，初未及乎人事，而圣人仰观俯察，人纪从此立焉，木为岁星，其方为东，其方为中央，其令为季夏，其德为信，金为太白，其方为西，其令为秋，其德为义，水为辰星，其方为北，其令为冬，其德为智，洪御世宰物，一天地之道也。备言天体，则有七政以司元化，日月五星是也。有四垣以镇四方，紫微天市太微少微是也。有二十八宿以分布周天，苍龙七宿，角亢氐房心尾萁，朱鸟七宿，井鬼柳星张翼轸，白虎七宿，奎娄胃昴毕觜参，玄武七宿，斗牛女虚危室壁是也。四垣即四象，七政即阴阳五宿之根本，其枢在北斗，分之四方，而为二十八宿，故房虚昴星应日，心危毕张应月，角斗奎井应岁星，尾室觜翼应荧惑，亢失娄鬼应太白，箕壁参轸应辰星，氐女胃柳应镇星，临制其方，各一七政也。浑天周匝虽云四方，而已备八卦二十四爻之象矣，非经无以立极，非纬无以嬗化，一经一纬，真阴真阳之交道也。交道维络，而后天之体，环周而固于外，地之体，结束而安于中，此元气之流行，自然而成器者也。其始无始，其终无终，包罗六合，入于无间，虽名阴阳，一气而已，人能得此一气，则生者，可以善其生，而死者可以善其死，地理之道，盖人纪之一端，此端既立，则诸政以次应之，故圣人重其事，其用在地，而必求端于天，本其气之所自来也。然气不可见，而形可见，不可见之气，即寓于有可见之形，形者气之所成，而即以载气，气发于天，而载之者地，气本属阳，而载之者阴，故有阴即有阳，地得其所，则天气归之，天地无时不交会，阴阳无时不相见，相见而得其冲和之正，则为福德之门，相见而不得其冲和之正，即为相乘，而名祸咎之根，祸福殊途，所争一间，良足畏也。且亦知星宿之所以丽于天，山川之所以列于地者乎，天之气，无往不在，而日得天之阳精，而恒为日，而月得天之阴精，而恒为月，五曜得天五气之精，而恒为纬，至于四垣二十八宿，众星环列，又得日月五星之精，而恒为经，此则在天之有形者，有以载天之气也。地之气无往不在，而山得日月五星之气，而恒为山，川得日月五星之气，而恒为川，此则在地之有形者，有以载地之气也。列宿得天之气，而生于天，列宿与天为一体也。山川得地之气，而生于地，山川与地为一体也。万物之生于天地，何独不然，夫万物非能自生，借天地之气以生，然天地非有意生万物，万物各自有地焉，适与天地之气，相遇于窅冥恍惚之中，夫有所沾濡焉，夫有所绸缪焉，夫有所苞孕焉，遂使天地之气，止而不去，积之累之，与物为一，乃勃然以生耳，地理之道，必使我所取之形，足以纳气，而气不我，去则形与气交而为一，必使我所据之地，足以承天，而天不我隔，则地与天交而为一，夫天地形气既合而为一，则所葬之骨，亦与天地之气为一，而死魄生人，气脉灌输，亦与为一，福应之来，若机张审括，所谓化机也。不然，蓄之无门，止之无术，虽周天列宿，炳耀中天，而我不蒙其照，虽大地阳和，滂流八表，而我不沽其泽，天为匡廓，地为稿壤，骨为速朽，子孙为寄生，我未见其获福也。可不慎哉，可不慎哉。

下卷化成

无极而太极也。理寓于气，气囿于地，日月星宿，刚气上腾，山川草木，柔气下凝，资阳以昌，用阴以成。阳德有象，阴德有位，地有四势，气从八方，外气行形，内气止生，乘风则散，界水则止。是故顺五兆，用八卦，排六甲，布八门，推五运，定六气，明地德，立人道，因变化，原终始，此谓之化成。

蒋大鸿注：此篇申言形气虽殊，而其理则一，示人以因形求气，为地理入用之准绳也。易曰：易有太极，是生两仪，太极者，所谓象帝之先，先天地生，能生天地万他之祖根也。本无有物，无象无数，无方偶，无往不在，言太极，而无极可知，后贤立说，虑学者以太极为有物，故申言以明之曰，无极而太极也。大而天地，细而万物，莫不各有太极，物物一太极，各一物全具一天地之理，人知太极物物皆具，则地理之道，思过半矣，理寓于气，气一太极也。气囿于形，形一太极也。以至中有太极，故能下凝，资阳以昌，资之以太极也。用阴以成，用之以太极也。太极之所显露者，谓之象，而所宣布者，谓之位，地无四势，以太极乘之，而命之为四势，气无八方，以太极御之，而命之为八方，势与方者，其象其气，而命之为势为方者，其极，极岂有定耶，则势与方，亦岂有定耶，四势之中，各自有象，则八方之中，亦各自有气，然此诸方之气，然此诸方之气，皆流行之气，因方成形，只谓之外气，苟任其流行而无止蓄，则从八方而来者，还从八方而去，千山万水，仅供耳目之玩，如传舍，如过客，总不足以浚发灵机，滋荄元化，必有为之内气者焉，所谓内气，非内所自有，即外来流行之气，于此乎止，有此一止，则八方之行形者，皆招摄翕聚乎此，是一止而无所不止，于此而言太极，乃为真太极矣，无所不止，则阳无所不资，阴无所不用，而生生不息之道在其中，太极生两仪，两仪生四象，四象生八卦，万事万物，皆胚胎乎此，前篇形止气蓄，万物化生，盖谓此也。然但言止，而不申明所以止之义，恐世之审气者，茫然所措手，故举气之最大而流行无间者，曰风曰水，夫风有气而无形，禀乎阳者也。水有形而兼有气，二者皆行气之物，气之阳者，从风而行，气之阴者从水而行，而行阳气者，反能散阳，以阳中有阴也。行阴气者，反能止阳，以阴中有阳也。大块之间，何处无风，何处无水，风原不能散气，所以嘘之使散者，病在乎乘，水原不能止气，所以吸之使止者，妙在乎界，苟能明乎乘与界之为义，审气以推太极之法，概可知矣，上文反复推详，皆泛言形气之理，至是乃实指地理之用，于是总括其全焉，顺五兆，以五星之正变审象也。用八卦，以八方之旺衰审位也。排六甲，以六甲之纪年审运也。布八门，以八风之开阖审气也。地理之尽于此矣，推五运，以五纪之盈虚审岁也。定六气，以六气之代谢审令也。谨岁时以扶地理之橐钥，尽于此矣，如是则太极不失其正，而地德可明，然圣人之明地德也。非徒邀福而已，盖地之五行，得其顺，则人之生也。五德备其全，而五常若其性，圣贤豪杰，接踵而出，而礼乐政刑，无不就理，岂非人道自此立乎，然此亦阴阳变化，自然之妙，虽有智者，不能以私意妄作，夫亦为知其所以然，因之而已，夫卜地葬亲，乃慎终之事，而子孙之世泽，皆出其中，则人道之所以终，即为人道之所以始，然则斯道也者，圣人开物成务，无有大于此者也。谓之化成宜哉。

青囊序

唐　曾文辿

杨公养老看雌雄，天下诸书对不同。

蒋大鸿注：雌雄者，阴阳之别名，乃不云阴阳，而言雌雄者，言阴阳，则阴自为阴，阳自为阳，疑乎对待之物，互显其情者也。故善言阴阳者，必言雌雄，观雌则不必更观其雄，而知必有雄以应之，观雄则不必更观其雌，而知必有雌以配之，天地两雌雄也。山川雌雄中之显象者也，地有至阴之气，以招摄天之阳精，天之阳气，日下交乎地，而无形可见，止见其草木百谷，替荣秋落，蛟龙虫豸，升腾蛰藏而已，故圣人制婚姻，男先乎女，亦以阴之所在，阳必求之，山河大地，其可见之形怕阴也，实有不可见之阳以应之，所雌雄者也。故地理家不曰地脉，而曰龙神，言变化无常，不可以迹求者也。青囊经所谓阳以相阴，阴以含阳者，此雌雄也。所谓阳本阴，阴育阳者，此雌雄也。所谓阴用阳朝，阳用阴应者，此雌雄也。所谓资阳以昌，用阴以成者，此雌雄也。杨公得青囊之秘，洞彻阴阳之理，晚年其术益精，以此济世，即以此养生，然其中秘密，惟有看雌雄之一法，此外别无他法，夫地理之书，汗牛充栋，独此一法，不肯笔之于书，先贤口口相传，间世一出，盖自管郭以来，古今知者能有几人。既非聪明智巧所能推测，又岂宏览博物所得与闻，会者一言立晓，不知者累牍难明，若欲向书卷中求之，更河汉矣，故曰，天下诸书对不同也。曾公安亲受杨公之秘，故其所言深切着明如此，彼公安者，岂欺我哉。

先看金龙动不动，次察血脉认来龙。

蒋大鸿注：此以下乃言看雌雄之法，金龙者，气之无形者也。龙本非金，而云金龙者，是乃干阳金气之所生，故曰金龙，动则属阳，静则属阴，气以动为生，以静为死，生者可用，死者不可用，其动大者，则大用之，其动小者，则小用之，此以龙之形象言也。形象既得，斯可辨其方位矣，血脉即金龙之血脉，非龙而实龙之所自来，所谓雌雄者也。观血脉之所自来，即知龙之所自来矣，察其血脉之来自何方也。知血脉之来自何方，即可认龙之来自何方矣，此杨公看雌雄之秘诀，非世人倒杖步量之死格局也。俗注辰戌丑未四金，恶煞为金龙者非。

龙分两片阴阳取，水对三叉细认踪。

蒋大鸿注：两片，即雌雄，阴在此则阳必在彼，两路相交也。三叉，即后城门界水合处，必有三叉，细认踪，即察血脉以认来龙也。知三叉之在何方，则知来龙之属何脉矣，俗注以两片为左旋右旋，以三叉为生旺墓，非。

江南龙来江北望，江西龙去望江东。

蒋大鸿注：此所谓两片也。金龙本在江南，而所望之气脉，反在江北，金龙本在江西，而所望之气脉，反在江东，盖以有形之阴质，求无形之阳气也。杨公看雌雄之法，皆从空处为真龙，故立其名曰大玄空，虽云两片，实一片也。俗注江南午丁未坤为一卦，江北子癸丑艮为一卦，共一父母，江西申庚酉辛戌乾亥壬为一卦，江东寅甲卯乙辰巽巳丙为一卦，共一父母，两卦之中，互相立向者，非。

是以圣人卜河洛，瀍涧二水交华嵩，相其阴阳观流泉，卜世卜年宅都宫。

蒋大鸿注：此即周公下洛之事，以证地理之道，惟在察血脉认来龙也。圣人作都，不言华嵩之脉络，而言瀍涧之相交，则知所认之来龙，之以瀍涧也。又引刘公迁豳，相阴阳，观流泉，以合观之，见圣人作法，千古一揆也。

晋世景纯传此术，演经立意出玄空，朱雀发原生旺气，一一讲说开愚蒙。

蒋大鸿注：推原玄空大卦，不始于杨公，盖郭景纯先得青囊之秘，演而立之，直追周公制作之精意也。乃其义不过欲朱雀发源得生旺之气耳，来源既得生旺，即是来龙生旺，而诸福坐致矣，来源若非生旺，则来龙亦非生旺，而祸不旋踵矣，景纯当日以此开喻愚蒙，其如愚蒙之领会者少也。俗说：龙取生旺之气于穴中，水取生旺之气于穴前，又指气之生旺为长生帝旺墓库，合三叉者，非。

一生二兮二生三，三生万物是玄关，山管山兮水管水，此是阴阳不待言。

蒋大鸿注：阴阳之妙用始于一，有一爻，即有三爻，有一卦即有三卦，故曰一生二，二生三，此乃天地之玄关，万物生生之槖钥也。又恐人误认山水为一，而不知辨别，故言山之玄关自管山，而水之玄关自管水，不相混杂，盖山有山之阴阳，而水有水之阴阳也。通乎此义，则世之言龙穴砂水者，真未梦见矣，俗注生旺墓三合为玄关者，非。

识得阴阳玄妙理，知其衰旺生与死，不问坐山与来水，但逢死气皆无取。

蒋大鸿注：此节畅言地理之要，只在衰旺生死之辨也。衰旺有运，生死乘时，阴阳玄妙之理，在乎知时而已，坐山有坐山之气运，来水有来水之气运，所谓山管山水管水也。二者皆须趋生而避死，从旺而去衰，然欲识得此理，非真知河洛之秘者，不能，岂俗师所传龙上五行收山，向上五行收水，顺道长生之说，所能按图而索骥者乎？

先天罗经十二支，后天再用干与维，八干四维辅支位，子母公孙同此推。

蒋大鸿注：罗经二十四路已成之迹，人人所知，何须特举，此节非言罗经制造之法，盖将罗经直指雌雄交媾之玄关，以明衰旺生死之作用尔，十二支乃周天列宿之十二次舍，故曰先天，地道法天，虽有十二宫，而位分八卦，每卦三爻，则十二宫不足以尽地之数，故十干取戊己归中，以为皇极，而分布八干为四正之辅佐，然犹未足卦爻之数，遂以四偶四卦补成三八，于是卦为之母，而二十四路为之子焉，卦为之公，而二十四路为之孙焉，识得子母公孙，则雌雄之交媾在此，金龙之血脉在此，龙神之衰旺生死亦尽乎此矣，俗注子寅辰乾丙乙一龙为公，什申戌坤辛壬二龙为母，卯巳丑艮庚丁三龙为子，酉亥未巽癸甲四龙为孙，非。

二十四山分顺逆，共成四十有八局，五行即在此中分，祖宗却从阴阳出，阳从左边团团转，阴从右路转相通，有人识得阴阳者，何愁大地不相逢。

蒋大鸿注：此一节申言上文未尽之旨，子母公孙，如何取用，盖二十四山，止应二十四局，而一山之局，又有顺逆不同，如有顺子一局，即有逆子一局，一山两局，岂非四十八局乎，此局得何五行，则龙神得何五行，五行不在此中分乎，然五行之根源宗祖，非取有形可见，有迹可寻之二十四山分五行，乃从玄空大卦雌雄交媾之真阴真阳分五行也。论至此，玄空立卦之义，几乎尽矣，而又恐人不知阴阳为何物，又重言以申明之，曰：如阳从左边团团转，则必阴从右路转相通，言有阴即有阳，有阳即有阴，所谓阴阳相见，雌雄交媾，玄空大卦之秘旨也。言左右，则上下四旁皆如是矣，此即上文龙分两片，江南龙来江北望之意，而反复言之者也。无奈世人止从形迹上着眼，不能领会玄空大卦之妙，故又发叹曰：有人识得此理者，乃识真阴阳真五行，真血脉，真神龙，随所指点，皆天机之妙，何愁大地不相逢乎？若不识此，虽大地当前，目迷五色，未有能得其真者也。俗注阳龙左行为顺，阴龙右行为逆，阳亥龙左行为甲木，阴亥龙右行为乙木之类，非。

阳山阳向水流阳，执定此说甚荒唐，阴山阴向水流阴，笑杀拘疑都一般。若能勘破固中理，妙用本来同一体，阴阳相见两为难，一山一水何足言。

蒋大鸿注：又言所谓识得阴阳者，乃玄空大卦真阴真阳，而非世之所谓净阴净阳也。若据净阴净阳之说，则阳山必须阳向，而水流阳，阴山必须阴向，而水流阴，时师拘拘于此，而不知其实无益也。真阴真阳，自有个中之妙，世人不得真传，无从勘破耳，若有明师指点，一言之下，立时勘破，则知不但净阴净阳不可分，所谓真阴真阳者，虽有阴阳之名，而止是一物，又何从分，既知阴阳为一物，则随手拈来，无非妙用，山与水为一体，阴与阳为一体，二十四山卦气相通者，皆为一体矣，夫净阴净阳者，一山只论一山之阴阳，一水只论一水之阴阳，故拘执有形，不能触类旁通耳，玄空大卦，一山不论一山之阴阳，而论与此山相见之阴阳，一水不论一水之阴阳，而论与此水相见之阴阳，所以为难知难能，而入于微妙之域，此岂净阴净阳之说，拘有形者，所可同日而语哉？

二十四山双双起，少有时师通此义，五行分布二十四，时师此诀何曾记。

蒋大鸿注：即上文二十四山分顺逆之义，而重言以叹美之，此双只起者，一顺一逆，一山两用，故曰双双起也。五行分布者，二十四山，各自为五行，不相假借也。虽如此云，而其中实有奥义，惟得秘诀者，乃能通之，时师但从书卷中搜索，必不得之数也。于此可见二十四山成格有定，执指南者，人人能言之，而微妙之机，不可测识矣，俗注乾亥为一，甲卯为一，丁未为一之类，释双双起者，非。

山上龙神不下水，水里龙神不上山，用此量山与步水，百里江山一响间。

蒋大鸿注：此即上文山管山水管水之义，而重言以叹美之，且又以世人之论龙神，但以山之脉络可寻者为龙神，即其所用水法，亦以山龙之法，不求乎水以资其用耳，不知山与水，乃各自有龙神也。特为指出，以正告天下后世焉，山上龙神，以山为龙者也。专以山之阴阳五行推顺逆生死，而水非所论，刚柔异质，燥湿殊性，分路扬镳，不相假也。即有山龙而兼得水龙之气者，亦山自为山，水自为水，非可以山之阴阳五行混入乎水之阴阳五行也。山则量山，以辨山之纯杂长短，水则步水，以辨水之纯杂长短，得此山水分用之法，百里江山，一览在目，此青囊之秘诀，亦青囊之捷诀也。呜呼！此言自曾公安剖露以来，于今几何年矣，而世无一人知者，哀哉，俗注论山用双山五行，从地卦查来龙入首，论水用三合五行，从天卦查水神去来者，非。

更有净阴净阳法，前后八尺不宜杂，斜正受来阴阳取，气乘生旺方无煞。来山起顶须要知，三节四节不须拘，只要龙神得生旺，阴阳却与穴中殊。

蒋大鸿注：此净阴净阳，非阳龙阳向水流阳之净阴净阳也。盖龙脉只从一卦来，则谓之净，若杂他卦，即谓之不净，而辨净与不净，尤在贴身一节，或从前来，或从后至，须极清纯，不得混杂，八尺言其最近也。言此尤为扼要，所谓血脉也。一节以后，则少宽矣，此节须纯乎龙运生旺之气，若一杂他气，即是煞气，吉中有凶矣，来水如此，来山亦然，须审其起顶出脉结穴，一二节之近，要得龙神生旺之气，盖龙顶上聚，受气广博，能操祸福之柄，即或直来侧受之穴，结穴之处，与来脉不同，而小不胜大，可无虞也。此以知山上龙神，水里龙神，皆以来脉求生旺，而尤重在到头一节，学者不可不慎也。俗注以左转右转顺逆为阴阳者，非。

天上星辰似织罗，水交三八要相过，水发城门须要会，劫如

湖里雁交鹅。

蒋大鸿注：此以天象之经纬，喻水法之交会也。列宿分布周天，而无七政以交错其中，则干道不成，而四时失纪矣；干水流行地中，而无支流以界割其际，则地气不收，而立穴无据矣，故二十四山之水，其间必有交道相过，然后血脉真而金龙动，大干小枝，两水相会，合成三叉而出，所谓城门者是也。湖里雁交鹅，言一水从左来，一水从右来，两水相遇，如鹅雁之一往一来也。此详言水龙审脉之法，而立穴之妙，在其中矣。

富贵贫贱在水神，水是山家血脉精，山静水动昼夜定，水主财禄山人丁；乾坤艮巽号御街，四大神尊在内排，生克须凭五行布，要识天机玄妙处；乾坤艮巽水长流，吉神先入家豪富。

蒋大鸿注：乾坤艮巽，各有衰旺生死，非可概用，须用五行辨其生克，生即生旺，克即衰死，生为吉神，死为凶神，要在玄空大卦，故云天机玄妙处也？

请验一家旧日坟，十坟埋下九坟贫；惟有一家能发福，去水来山尽合情。宗庙本是阴阳元，得四失六难为全；三才六建虽是妙，得三失五尽为偏，盖因一行扰外国，遂把五行颠倒编；以讹传讹竟不明，所以祸福为胡乱。

蒋大鸿注：此节旁引世俗五行之谬，以见地理之道，惟有玄空大卦，看雌雄之法，所以尊师传戒后学也。盖唐以后，诸家五行，杂乱而出，将以扰外国，而反以祸中华，至今以讹传讹，流毒万世，曾公所以辨之深切也欤？

青囊奥语

唐　杨筠松

杨公得青囊正诀，约其旨为奥语，以玄空之理气，用五行之星体，而高山平地之作法，已该括于其中，然非得其真传口诀者，索之章句之末，终不能辨，谓之奥语，诚哉，其奥语也。

坤壬乙，巨门从头出，艮丙辛，位位是破军，巽辰亥，尽是武曲位，甲癸申，贪狼一路行。

蒋大鸿注：挨星五行，即九星五行也。贪巨禄文廉武破辅弼，一一挨去，故曰挨星，玄空大卦五行，亦即挨星五行，名异而实同者也。此五行原本洛书九气，而上应北斗，主宰天地化育之道，干维元运万古，而不能外也。此九星与八宫掌诀九星不同，唐使僧一行作卦例以扰外国，专取贪巨武三吉，其实非也。夫九星乃七政之根源，八卦乃乾坤之法象，皆天宝地符精华妙气，顾于其中，分彼此，比优劣，真庸愚之识，诡怪之谈矣，只是，天地流行之妙，与时相合者吉，与时相背者凶，故九星八卦，本无不吉，而有时乎吉，本无有凶，而有时乎凶，所以其中有趋有避，真机妙用，全须秘密耳，真知九星者，岂惟贪巨武为三吉，即破禄廉文辅弼五凶亦有吉时，真知八卦者，岂惟坎离乾坤四阳卦为凶，即震巽艮兑四阴卦亦有凶时，斯得玄空大卦之真诀矣，奥语首揭此章乃挨星大卦之条例，坤壬乙非尽巨门，而与巨门为一例，艮丙辛非尽破军，而与破军为一例，巽辰亥非尽武曲，而与武曲为一例，甲癸申非尽贪狼，而与贪狼为一例，此中隐然有挨星口诀，必待真传人可推测而得，若旧注以坤壬乙，天干从申子辰三合为水局，故曰文曲，艮丙辛，天干从寅什戌三合为火局，故曰廉贞之类谬矣，又有云长生为贪狼临官为巨门，帝旺为武曲亦谬。

左为阳，子癸至亥壬，右为阴，午丁至巳丙。

蒋大鸿注：此节言大五行阴阳交媾之例，如阳在子癸至亥壬，则阴必在午丁至巳丙矣。自子至壬自午至丙，路路有阳，路路有阴。以此为例，须人自悟也。非拘定左边为阳右边为阴，若阴在左边，则阳又在右边矣，亦可云左右，亦可云东西，亦可云前后，亦可云南北，皆不定之位，雌雄交媾非有死法。故曰玄空旧注，自子丑至戌亥左旋为阳，自午至申未右旋为阴谬矣。

雌与雄，交会合玄空，雄与雌，玄空卦内推。

蒋大鸿注：玄空之义见于曾序江南节注。

山与水，须要明此理，水与山，祸福尽相关。

蒋大鸿注：山有山之卦气，水有水之卦气，脱不得阴阳交媾之理，山有山之祸福，水有水之祸福，有山祸而水福，有山福而水祸，有山水皆福，有山水皆祸，互相关涉品配为用。

明玄空，只在五行中，知此法，不须寻纳甲。

蒋大鸿注：九星五行大卦之法，只明玄空二字之义，则衰旺生死了然指掌之间，不必寻乾纳甲，坤纳乙，巽纳辛，艮纳丙，兑纳丁，震纳庚，离纳壬，坎纳癸之天父地母一行所造卦例矣。

颠颠倒，二十四山有珠宝；顺逆行，二十四山有火坑。

蒋大鸿注：颠倒顺逆，皆言阴阳交媾之妙，二十四山阴阳不一，吉凶无定，合生旺则吉，逢衰败则凶，山山皆有珠宝，山山皆有火坑，毫厘千里间不容发，非真得青囊之秘，何以能辨之乎。

认金龙，一经一纬义不穷；动不动，直待高人施妙用。

蒋大鸿注：易云乾为龙，乾属金，乃指先天真阳之气，无形可见者也。地理取义于龙，正谓此耳，一经一纬，即阴阳交媾之妙，金龙之经纬，随处而有，而动与不动，去取分焉，必其龙之动，而后妙用出，盖若不动者，不可用也。金龙既属无形，从何可认，认得动处，即知用法，所以有待高人也欤。

第一义，要识龙身行与止；第二言，来脉明堂不可偏；第三法，传送功曹不高压；第四奇，明堂十字有元微；第五妙，前后青龙两相照；第六秘，八国城门锁正气；第七奥，要向天心寻十道；第八裁，屈曲流神认去来；第九神，任他平地与青云；第十真，若有一缺非真情。

蒋大鸿注：上节言金龙之动不动，而此节紧顶龙身行与止，学者不可忽也。盖有动则有止，不动，则虽有金龙，只是行龙，原无止气，故高人妙用，以此为第一，有此一着，然后其余作法，可次第而及也。来脉明堂不可偏，非谓来脉必与明堂直对，不可偏侧也。若如所云，则子龙必作午向，亥龙必作巳向矣，来龙结穴变化不一，有直结者，有横结者，有侧结者，岂容执一，杨公之意，盖谓来脉自有来脉之受气，明堂自有明堂之受气，二者须各乘生旺，兼而收之不可偏废也。传送功曹乃左右护龙星辰，盖真龙起顶，必高于护砂，乃为正结，若左右二星，反压本山，非龙体之正矣，平地亦然，贴身左右，有高地掩蔽，阳和房分不均，俗术所不觉也。十字符微，乃裁穴定向之法，虽云明堂，实从穴星内看十字，明此十字，则穴之上下左右，向之偏正饶减，尽于此矣，其云元微诚哉，其元微也欤，前后青龙两相照，从托龙虎定穴法者，此义易知八国城也。八国有不满之处，是曰城门，盖城门通正气之出入，而八国锁之，观其锁定之方，便知是何卦之正气，以测衰旺，而定吉凶也。故曰秘天心十道，紧顶八国城门而来，盖城门既定，正气之来纵，又当于穴内，分清十道，乃知八穴正气，广狭轻重，故曰奥，此两节专言入穴测气，非论形势也。不然，则与明堂十字；前后青龙两条不几于复乎，屈曲流神，已是合格之地，然有此卦来则吉，彼卦来则凶者，以屈曲而用之误矣，须有裁度，乃可变通取用，故曰裁，以上皆审气之真诀，至微至渺者，一着不到，将有渗漏而失真情矣，平地高山，总无二法，上八句，各是一义，末二句，不过叮咛，以嘱之，语气奏，借成十节耳。

明倒杖，卦坐阴阳何必想。

蒋大鸿注：此以下二节，专指山龙穴法，平地无涉，因世人拘执净阴净阳之说，故一语破之，倒杖非必如俗传十二倒仗法，此后人伪造也。只接脉二字，足尽倒杖真诀，既知接脉，便知真穴，既得真穴，使有真向，自然之阴阳已得，又何必净阴净阳之拘拘哉。

识掌模；太极分明必有图。

蒋大鸿注：山龙真，必有太极晕藏于地中，此晕变化不同，而其理则一，非道眼孰能剖露哉。

知化气，生克制化须熟记。

蒋大鸿注：生旺之气为生，衰败之气为克，扶生旺之气，胜衰败之气，是为制化，此一节兼平地而言。

说五星；方圆尖秀要分明；晓高低，星峰须辨得元微；鬼与曜；生死去来真要妙。

蒋大鸿注：此三节，皆论山龙形体，不须另解，鬼曜之生死去来，是辨龙穴之要着也。龙之转结者，背后必有鬼，有穴星如许长，而鬼亦如许长者，俗眼难辨，有反在鬼上求穴者，不知穴星是来脉为生，鬼身是去脉为死，察其去来，而真伪立辨矣，尽龙左右龙虎都生，曜气向外反张，有似乎砂之飞走者，此真气有余直冲上前，而余气带转，如人当风振臂，衣袖飘扬反向后也。在真龙正穴，则为曜气在，无有穴之地，则为砂飞，比其辨在龙穴，而不在砂也。

向放水，生旺有吉休囚否。

蒋大鸿注：向中放水，世人莫不以来水特朝为至吉，去水元辰走泄为至凶，殊不知向上之水不论去来，若合生旺，则来固吉，去亦吉，若逢休囚，则去固凶，来亦凶，杨公因向上之水关系尤紧，其说最能误人，故特辨之。

二十四山分五行，知得荣枯死与生；翻天倒地对不同，其中密秘在玄空；认龙立穴要分明，在人仔细辨天心；天心既辨穴何难，但把向中放水看；从外出入名为进，定知财宝积如山；从内生出名为退，家内钱财皆废尽；生入克入名为旺，子孙高官尽富贵。

蒋大鸿注：玄空大卦之妙，祇翻天倒地对不同七字，二十四山既分定五行，则荣枯生死宜有一定矣，及其入用，有用于此时则吉，用于彼时则凶者，时之对不同者，其一也。有用之此处则吉，用之彼处则凶者，物之对不同者，又其一也。此其秘密之理，非传心不可，天心，即上文第七奥之天心，另有辨法，非时师所谓天心十道也。若如时师之说，又何用仔细耶，天心既辨，则穴中正气已定，而挠其权者，在向中所放之水也。从外生入，从内生出，此言穴中所向之气也。我居于衰败，而受外来生旺之气，所谓从外生入也。我居于生旺，而外来衰败之气，似乎我反生之，故云从内生出也。此言穴中所向之气，穴中既有生入之气矣，而水又在衰败之方，则水来克我，适所以生我也。内外之一生一克，皆成生旺，两美相合，诸福毕臻，所以高官富贵有异于常也。其中，正有对不同者存焉，旧注所云，小玄空水生向克向为进神，向生水克水为退神，非是青囊，岂有两玄空五行邪。

脉息生旺要知因，龙歇脉寒灾祸侵；

纵有他山来救助，空劳禄马护龙行。

蒋大鸿注：此下二节总一篇之意，言先寻龙脉，以定穴之有无，次论九星，以辨气之吉凶也。此一节先言形体，而以来龙之脉息为重，外砂之护夹为轻。

劝君再把星辰辨，吉凶祸福如神见；

识得此篇真妙微，又见郭璞再出现。

蒋大鸿注：此一节乃言卦气，而以九星大五行为主，言如上节所云，虽得来龙脉息之真穴，而吉凶祸福尚未能取，必劝君再将挨星诀法，细审衰旺生死，而后可趋吉而避凶，转祸而为福，一篇之旨不过如此，苟能识其微妙，前贤与后贤，一般见识，一般作用，青囊二卷更无余义矣。

蒋大鸿注：总论杨公此篇其言，玄空大卦挨星五行，即青囊经上卷，阳生于阴之义，而下卷理寓于气之妙用也。其言倒杖太极晕五星脉息，即青囊经中卷，形止气蓄之义，而下卷气囿于形之妙用也。一形一气括尽青囊之旨，而究其元机正诀，如环无端，不可捉摸，谓之曰奥语宜哉。

天玉经

唐　杨筠松

内传上

江东一卦从来吉，八神四个一，江西一卦排龙位，八神四个二，南北八神共一卦，端的应无差。

蒋大鸿注：天玉内传，即青囊奥语，挨星五行，玄空大卦之理。杨公妙用，止有一法，更无二门，此乃反复其词，以授曾安公者也。江南江北江东江西，曾序已先下注脚矣。但南北东西，应有四卦；而此云三卦者，缘玄空五行，八卦排来，止有三卦故也。江东一卦者，卦起于西，所谓江西龙去望江东，故曰江东也。八神，即八卦之中，经四位而起父母，故曰八神。四个，言八神之中历四位也。一者，此一卦祇管一卦之事，不能兼通他卦也。江西一卦者，卦起于东，反而言之，即谓江东龙去望江西亦可，故曰江西也。亦于八卦之中，经四位而起父母，则亦曰八神，四个二者，此一卦兼管二卦之事，而不能全收三卦也。比如坎至巽，乃第四位，巽至兑，亦第四位；八卦之中各经四卦，故曰八神四个也。南北八神考，乃江北一卦，所谓江南龙来江北望也。不云四个者，此卦突然自起，不经位数，与东西两卦不同也。八神共一卦者，此卦包含三卦，总该八神，又非八神四个二之比也。夫此东西南北三卦，有一卦止得一卦之用者，有一卦兼得二卦之用者，有一卦尽得三卦之用者，此谓玄空大卦秘密宝藏，非真传正授，断不能洞悉其妙旨也。俗注寅至丙为东卦，申至壬为西卦，午至坤为南卦，子至艮为北卦非。

二十四龙管三卦，莫与时师话，

忽然知得便通仙，代代鼓骈阗。

蒋大鸿注：二十四龙本是八卦，而八卦又分三卦，此玄空之秘，必须口传，若俗注丙本南离，而反属东卦，壬本北坎，而反属西卦，牵强支离，悖理之极。且云四个一者，寅辰丙乙四个，在一龙；四个二者，申戌壬辛四个，在二龙，又属无谓。

天卦江东掌上寻，知了值千金；

地画八卦谁能会，山与水相对。

蒋大鸿注：天地东西南北，皆对待之名，所谓阴阳交媾，玄空大卦之妙用也。此节方将山与水相对一言，略指一班，泄漏春光矣；非分天卦于江东，分山水相对于地卦也。若以辞害志，分别支离，即同痴人说梦矣。俗注天卦地支从天干，以向论水神旺墓，地卦天干从地支，以龙论山水生死者，非。

父母阴阳仔细寻上，刖后相兼定。

上刖后相兼两路看，分定两边安。

蒋大鸿注：卦有卦之父母，爻有爻之父母，皆阴阳交媾之妙理。此节一刖后，指卦爻而言；一卦之中为父母，卦前卦后，偏旁两路，即为子息、，若不仔细审察，恐于父母之胎元不真，而阴阳有差错矣。俗注以一刖兼后为一大卦，属向首；后兼一刖为地卦，属龙家，为两边者，非。

卦内八卦不出位，代代人尊贵；向水流归一路行，到处有声名：龙行出卦无官贵，不用劳心力；祇把天医福德装，未解见

荣光。

蒋大鸿注：八卦之内有三卦，在三卦之内，则为不出卦而吉，三卦之外，即为出卦而凶；向须卦内之向，水须卦内之水上者皆归本卦，则全美矣。天医即巨门上福德即武曲，此乃一行所造小游年卦例，以溷挨星之真者也。盖谓世人误认卦例为九星五行，必不能获福也?

倒排父母荫龙位，山向同流水，

十二阴阳一路排，总是卦中来。

蒋大鸿注：倒排父母，即颠颠倒之义，阴阳交媾，皆倒排之法；山向与水神，必倒排以定阴阳。十二阴阳，即备二十四山之理，言虽有二十四位阴阳，总不脱八卦为父母也。

关天关地定雌雄，富贵此中逢；

翻天倒地对不同，秘密在玄空。

蒋大鸿注：雌雄交媾之所，乃天地之关窍，知其关窍，而后交媾可定也。江南龙来江北望，江西龙去望江东，此为翻天倒地，已详奥语注中。俗注以辰戌丑未，为辟天关地，非。

三阳水向尽源流，富贵永无休；三阳六秀二神当上见入朝堂。

蒋大鸿注：三阳者，丙午了也。天王青囊，既重挨星生旺矣，而此节提出主阳，别有深意，非笔舌所能道。六秀者，本卦之二爻，故曰二神。天王以卦之父母为三吉，以卦之子息为六秀。俗注艮丙巽辛兑丁为一八秀，非。

水到玉街官便至，神童状元出，印缓若然居水口，玉街近台辅，冬冬鼓角随流水，艳艳红旆贵。

蒋大鸿注：鼓角红施，皆以形象言。俗注乾坤艮巽为玉街，长生前一位为鼓角，后二位为红旆，非。

上按三才并六建，排定阴阳算；

下按玉辇捍门流，龙去要回头。

蒋大鸿注：三才即三吉，六建即六秀，此节上二句论方位，故须排定阴阳。下二句论形势；玉辇捍门，皆指去水，须缠身兜抱，故谓之曰回头也。俗注以长生诸位为六建，及王辇捍门，俱就方位言者，非。

六建分明号六龙，名姓达天聪；

正山正向流支上，寡夭遭刑杖。

蒋大鸿注：下二句，紧接上二句而言；水之取六建是矣。然卦之山向，在四偶卦中，则用本卦支神之六建；在四正卦中，又当用本卦于神之六建。若卦取正山正向，而水又流他卦之交上，是阴差阳错，而必有寡夭刑杖之忧矣。学四正卦，而四偶卦不辨自明矣。此节以下，专办干支零正阴阳纯杂，毫厘千里之微也。

共路两神为夫妇，认取真神路，

仙人秘密定阴阳，便是正龙冈。

蒋大鸿注：共路两神，即一干一支也。一干一支皆可为夫妇，然有真夫妇、有假夫妇，真夫妇为正龙，假夫妇即非正龙矣。如巽巳为真夫妇，丙午亦真夫妇，若巳丙则不得为真夫妇矣。其他做此。

阴阳二字看零正，坐向须知病，若遇正神正位装，发水入零堂，零堂正向须知好，认取来山脑，水上排龙点位装，积粟万余仓。

蒋大鸿注：青囊天玉，盖以卦内生旺之位为正神，以出卦衰败之位为零神；故阴阳交媾，全在零正二字，零正不明，生旺必有病矣。若知其故，而以正神装在向上为生入，而以零神装在水上为克入，则零堂正向，岂不兼收其妙乎。向水既妙，而来山之脑，未必与坐向相合，又当认取果来之山，又与坐向同在卦内，则来脉又合；非但一向之旺气而已，惟水亦然。盖山有来山之脑，而水亦有来水之源，水龙即是山龙，亦须节节排去，点位装成，果能步步零神，则水之来脉，与水之入口同一气；山之坐向，与山之来脉同一气。斯零正二途，别无闲杂，而为大地无疑矣。

正神百步始成龙，水短便遭凶，

零神不问长和短，吉凶不同断。

蒋大鸿注：此承上文而言，正神正位装，向固吉矣；然其向中来气，须深远悠长，而后成龙，若然短浅，则气不聚，难以致福。至于水则不然，一遇正神，虽一节二节，其煞立应矣，其零神之长短，又与正神有异，使零神而在水，虽短亦吉，若零神而在向，虽短亦凶；是零神之吉凶，在水向之分，而不系乎长短也。

父母排来到子息，须去认生克，

水上排龙点位分，兄弟更子孙。

蒋大鸿注：亦承上文排龙而言，卦之中气为父母，卦之二爻为子息，而本宫他卦之父母为兄弟。上二句言山上排龙，下二句一水上排龙。山上排龙，从父母排到子息，总是一卦，则卦气纯矣；然须认其卦之生克，若得卦之生气，则纯乎吉，若得卦之克气，则纯乎凶矣，岂可以其卦之纯一，而遂谓吉哉。山上排龙来脉一路，大都只在一卦之内，至于水上排龙则不然，水有一路来者，亦有两三路来者，故须照位分开，而不能拘一卦之父母，只要旁来之水，亦在父母一气之卦，谓之兄弟。兄弟卦内又有子孙，虽非一父母，而总是一家骨肉，来路虽多，不害其为吉也。凶者反是?

二十四山分两路，认取五行主，龙中交战水中装，便是正龙伤，前面若无凶交破，莫断为凶祸，凶星看在何公位，仔细认踪由。

蒋大鸿注：此一节，专指卦之差错者而言。两路者，阴阳生死也；二十四山，每山皆有两路，非分开二十四山归两路也。两路之中，须认取五行之所主，五行所主，贵在清纯。若龙中所受之气，既不清纯，而吉凶交战矣，倘能以水之清纯者救之，庶龙气遇水之制伏，而交战之凶威可杀；奈何又将龙中交战之卦，装入水中，则生气之杂出者，不能为福，而死气之杂出者，适足为祸，正龙有不受其伤者乎。然水之差错，其力足以相胜，吉多者吉胜凶，凶多者凶胜吉。入口虽然交战，而来水源头，若无凶星变破，则气犹两平，虽不致福，亦未可据断为凶祸。且凶星之应，亦有公位之分，吉凶双到之局，只看某房受着，便于此房断其有祸，不受耆者亦不应也。非如纯凶不杂之水，房房受其殃祸之比，故其踪又当仔细认云。

先定来山后定向，联珠不相妨，

须知细觅五行踪，富贵结金龙。

蒋大鸿注：此节单指山上龙神而言。青囊天玉，原以来山所受之气，与向上所受之气，分为两局；然两局又非截然两路，故云联珠不相妨。此不可约略求之者也。须当细觅踪迹；若是富贵悠久之地，必然来山是此卦，而向首亦是此卦，一气清纯，方得谓之全龙耳。

五行若然翻值向，百年子孙旺，

阴阳配合亦同论，富贵此中寻。

蒋大鸿注：此节上二句言山上龙神，下二句言水里龙神。五行翻值向者，五行之旺气值向也；翻即翻天倒地之翻，言生旺气翻从向上生入也。山管人丁，故云百年子孙旺，而富贵亦在其中矣。阴阳配合，水来配合也。亦与向上之气同论，但用法有殊耳。水管财禄，故云富贵此中寻，而子孙亦在其中矣。

东西父母三般卦，算值千金价，

二十四路出高官，绯紫入长安，

父母不是未为好，无官只富豪。

蒋大鸿注：此节发明用卦之理，重卦体而轻爻，重父母而轻子息；盖同一生旺，而力量悬殊也。言东西，而南北在其中矣。青囊天玉之秘，只有三般卦诀，若二十四路不出三般卦之内，则贵显何疑，然卦内又当问其是父母之卦否，高官绯紫，必是父母之气，源大流长，所以贵耳。若非父母，而但乘爻神子息之旺，则得气浅薄，仅可豪富而已。

父母排来看左右，向首分休咎，双山双向水零神，富贵永无贫，若遇正神须败绝，五行当分别，隔向一神仲子当，千万细推详。

蒋大鸿注：此亦承上文，用卦须父母而言，父母排来，要排来山之龙脉也；来山屈曲，必不能尽属父母，兼看左右两爻子息若何？若于息纯清不杂，又须向首所受之气，逢生旺则休，逢衰败则咎。若双山双向卦气错杂，须得水之外气，悉属零神克入相助，刚双山双向，为水神所制伏，而富贵可期矣。万一水路又属正神，则生出克出，两路皆空，而败绝不能免矣。公位之说，乃因洛书八卦震兑坎离，而定杯仲季三子之位，隔向一神，犹在离卦之内，故曰仲子。天玉略露一班，以为分房取验之矩矱；言仲而孟季可类推矣。

若行公位看顺逆，接得方奇特；
宫位若来见逆龙，男女失其踪。

蒋大鸿注：承上文仲子一神，而概言公位之说。顺则生旺，逆则死绝。然不云生死，而曰顺逆者，若论山上龙神，则以生气为顺，死气为逆，若论水里龙神，则又以死气为顺，生气为逆故也。

更看父母下三吉，三般卦第一。

蒋大鸿注：通篇皆明父母三般卦理，反复详尽矣，终篇复申言之，若曰千言万语，只有此一事而已，无复他说也。盖致其叮咛反复之意云。

内传中

二十四山起八宫，贪巨武辅雄，
四边尽是逃亡穴，下后令人绝。

蒋大鸿注：此节反言以见旨，兴起下文之意，言一行所作小游年卦例，以二十四山起八官，而取贪巨武辅为四吉，若其说果是，则宜乎随手下穴，皆吉地矣，何以四边尽是逃亡穴，下后反令人败绝哉；则知卦例不足信，而别有真机，如下文所云也。

惟有挨星为最贵，泄漏天机秘、天机若然安在内，家活当富贵，天机若然安在外，家活渐退败。五行配出九星名，天下任横行。

蒋大鸿注：紧接上文。卦例既不可用，惟有挨星玄空大五行，乃为阴阳之最贵者，天机秘密，不可流传于世，但可偶一泄漏而已。安在内，不出三般卦之内也。安在外，出三般卦之外，出卦不出卦，福祸迥分，安得不贵耶。夫挨星五行，非如游年卦例，但取四吉而已。盖八卦五行，配出九星，上应斗杓，知九星之作用，便可横行于天下，无不响应矣，卦例云乎哉。

干维乾艮巽坤壬，阳顺星辰轮，支神坎离震兑癸，阴卦逆行取。分定阴阳归两路，顺逆推排去；知生知死亦知贫，留取教儿孙。

蒋大鸿注：此节分出玄空大卦干支定位，以足前篇父母子息之义。四维之卦，以天干为主者也。干维曰阳；四正之卦，以地支为主者也。地支曰阴，此阴阳非交媾之阴阳也。知卦之所主，则父母子息，不问而自明矣。其阴阳两路，每一卦中，皆有阴阳两路可分，非将八卦分为两路，何者属阴，何者属阳也。其顺逆推排，即阴阳两路分定之法，非乾艮巽坤为阳顺。坎震离兑为阴逆，若如此分轮；则皆顺也。何云逆乎。至于四卦之未，各缀一字，曰壬曰癸，此又挨星秘中之秘，可以心传，而不可以显言也。

天地父母三般卦，时师未曾话，玄空大卦神仙说，本是此经诀，不识宗枝但乱传，开口莫胡言，若还不信此经文，但覆古人坟。

蒋大鸿注：曰天地，曰东西，曰父母，曰玄空，曰挨星，名异而实同，若于字义屑屑分疏，则支离矣。此节盖恐学者得传之后，以为太易而轻忽之，故极言赞美，以郑重其辞，非别有他义也。说到覆古人坟，是征信实着，予得传以来，洞彻玄空之理，今效注此经文，驳一删人之谬，直捷了当，略无畏缩，皆取信于覆古人坟，盖验之已往，券之将来，深信其一毫之无误，自许心契古人，而可以告无罪于万世也。

分却东西两个卦，会者传天下，

学取仙人经二，切莫乱谈空，

五行山下问来由，入首便知踪。

蒋大鸿注：此亦叮咛告戒之语，而归重于入首，盖入首一节，初年立应，尤不可不慎也。

分定子孙十二位，灾祸相连值，

千灾万祸少人知，克者论宗枝。

蒋大鸿注：此节，直纠时师误认子孙之害；盖子孙自卦中分出，位位不同；岂如俗师干从支，支从干，二十四路，止作十二位论；若如此论法，必致葬者灾祸相连值矣。既遭灾祸，而俗师终不知所以灾祸之故，胡猜乱拟，或云下凶，或云支凶，总非真消息也。夫灾祸之发，乃龙气受克所致，而龙气之受克，实不在干支，盖有为干支之宗者焉，所谓父母是也。知其宗之受克，则知干支亦随之而受克，所以不免灾祸矣。此深言二位分子孙之说，其谬如此。

五行位中出一位，仔细秘中记，

假若来龙骨不真，从此误千人。

蒋大鸿注：此节又详言出卦不出卦之密旨。盖同一出位，而有卦内卦外之不同，若在卦内时，则似出而非出，若在卦外，则真出矣。此中有秘，当密记之，在卦内，则龙骨真；在卦外，则龙骨不真矣。

一个排来千百个，莫把星辰错，龙要合向向合水，水合三吉

位，合禄合马合官星，本卦生旺寻，合凶合吉合祥瑞，何法能超避，但看太岁是何神，立地见分明，成败断定何公位，三合年中是。

蒋大鸿注：一个排来，变化不一，故有千百个也。龙向水相合，前篇已尽，禄马官星，在本卦生旺则应，不然则不应；此见生旺为重，而禄马官星，在所轻矣。

排星仔细看五行，看自何卦生，

来山八卦不知踪，八卦九星空，

顺逆排来各不同，天卦在其中。

蒋大鸿注：五行总在何卦中生，不在干支中定，所谓父母子息也。不知八卦踪迹，何从而来；则九星无处排矣；盖星卦之顺逆，各有不同，即此一卦入用，或当顺推，或当逆推，有一定之气，而无一定之用，所谓天下诸书对不同也。要而言之，则玄空二字之义尽矣。

甲庚丙壬俱属阳，顺排五行详；乙辛丁癸俱属阴，逆推论五行。阴阳顺逆不同途，须向此中求；九星双起雌雄异，玄关真妙处。

蒋大鸿注：此略举干神卦气之例。阳四干，则顺推入卦；阴四干，则逆推入卦；一顺一逆，虽不同途，而此中有一定之卦气，可深求而得者。至其每卦之中，皆有一雌一雄，双双起之法；乃阴阳交媾，玄关妙处也；又不止一卦有一卦之用而已。举八干，而支神之法，亦在其中矣。

东西二卦真奇异，须知本向水，

本向本水四神奇，代代着绯衣。

蒋大鸿注：此节又重言向水，各一卦气兼收生旺之妙，向上有两神，水上有两神，故曰四神。

水流出卦有何全，一代作官员，一折一代为官禄，二折二代福，三折父母共长流，马上锦衣游，马上堑头水出卦，一代为官

罢，直山直水去无翻，场务小官班。

蒋大鸿注：水不出卦，须折折在父母本宫，若折出本宫，虽折而后代不发矣。马上錾头，即一折父母，便流出卦，如錾头而去也。本卦水，又以曲折为贵，乃许世代高官，若止直流，虽然本卦，而官职卑矣。

内传下

乾山乾向水朝乾，乾峰出状元；卯山卯向卯源水，骤富石崇比；午山午向午来堂，大将值边疆；坤山坤向坤水流，富贵永无休。

蒋大鸿注：此明玄空大卦，向水兼收之法；举四山以例其余，皆卦内之纯清者也。乾宫卦内之山，作乾官卦内之向，而收乾官卦内之水，则龙向水三者，俱归生旺矣；非回龙顾祖之说也。或云状元，或云大将，或云骤富者，亦举错以见意，不可拘执。

辨得阴阳两路行，五行要分明，

泥鳅浪里跳龙门，渤海便翻身。

蒋大鸿注：阴阳两路，上文屡见，此重言以申明之耳。下二句，言变化之易。

依得四神为第一，官职无休息。

穴上八卦要知情，穴内卦装清。

蒋大鸿注：前篇本向本水四神奇，是姑置来龙；而但重向水。此节穴上八卦要知情。又从穴上逆推到来龙，以补四神之不及。穴上是龙，穴内即向也。

要求富贵三般卦，出卦家贫乏。寅申巳亥水长流，五行向中藏。辰戌丑未叩金龙，动得永不穷。若还借库富后贫，自库乐

长春。

蒋大鸿注：前篇甲庚壬丙一节，是四正之卦，此节又补四偶之卦，观此，则支水去来凶之言，当活看，不可死看矣。辰戌丑未，虽俗云四库，其实玄空不重墓库之说，借库出卦也。自库不出卦也；是重在出卦不出卦，不重墓库也。

大都星起何方是，五行长生旺。大旆相对起高岗，职位在学堂，捍门官国华表起，山水亦同例，水秀峰奇出大官，四位一般看。

蒋大鸿注：此节言水上星辰，即山上星辰，只要得生旺之气，在山在水，一同论也。

坎离水火中天过，龙墀移帝座；宝盖凤阁四维朝，宝殿登龙楼；罡劫煞休犯着，四墓多消铄；金技玉叶四孟装，金箱玉印藏。

蒋大鸿注：坎离水火一句，乃一章之所重，其余星宿，总是得生旺，则加之美名；逢死绝，则称为恶曜，名非有定，星随气变者也。

帝释一神定县府，紫微同八武。

倒排父母养龙神，富贵万年春。

蒋大鸿注：帝释丙也。八武壬也。紫微亥也。帝释神之最尊，故以县府名之；其实阴阳二宅得此，贵之极矣。然其妙用在乎倒排，非正用也。

识得父母三般卦，便是真神路，

北斗七星去打劫，离宫要相合。

蒋大鸿注：上二句，引起下文之义，言识得三卦父母，已是真神路矣，犹须晓得北斗七星打劫之法，则三般卦之精髓方得，而最上一乘之作用也。

北斗云何？知离宫之相合，即知北斗之义矣。

子午卯酉四龙冈，作祖人财旺；

水长百里佐君王，水短便遭伤。

蒋大鸿注：取子午卯酉，以其父母气旺也。言四正，则四维可以例推矣；水短遭伤，以其出卦之故。

识得阴阳两路行，富贵达京城，

不识阴阳两路行，万丈火坑深。

蒋大鸿注：此即颠颠倒之意，皆上文所已言，而咏叹之。

前兼龙神前兼向，联珠莫相放，后兼龙神后兼向，排定阴阳算。明得零神与正神，指曰入青云，不识零神与正神，代代绝除根。

蒋大鸿注：龙神向首，皆有兼前兼后之法，兼者，父母兼子息，子息兼父母，此即正神零神之义。

倒排父母是真龙，子息达天聪；

顺排父母到子息，代代人财退。

蒋大鸿注：父母子息，皆须倒排，而不用顺排；如旺气在坎癸，倒排则不用坎癸，而得真旺气，顺排则真用坎癸，而反得杀气矣。似是而非，毫厘千里，玄空大卦千言万语，惟在于此。

一龙宫中水便行，子息受艰辛；

四三二一龙逆去，四子均荣贵；

龙行位远主离乡，四位发经商。

蒋大鸿注：此节又申言本卦水，须折折相顾，若一折之后，便出本卦，虽然得发，必受艰辛矣，必三四节逆去，皆在本卦，乃诸子齐发也。位远，即出卦，一出卦，即主离乡；若出卦之后，又归还本卦，反主为商，得财而归，其应验之不爽如此。

时师不识挨星学，只作天心摸，东边财谷引归西，北到南方推。老龙终日卧山中，何尝不易逢，祇是自家眼不的，乱把山冈觅。

蒋大鸿注：东边财谷二句乃托喻，即江南龙来江北望之意，玄空妙诀也。叹息世人不得真传，胡行乱走，旨哉言乎。

世人不知天机秘，泄破有何益，汝今传得地中仙，玄空妙难言，翻天倒地更玄玄，大卦不易传，更有收山出杀诀，亦兼为汝

说，相逢大地能几人，个个是知心，若还求地不种德，隐口深藏舌。

蒋大鸿注：篇终述叙传授之意，深戒曾公安之善宝之也。结语归重于种德，今之得传者，不慎择人，轻泄浪示，恐虽得吉地，不能实受其福矣；而泄天宝者，重违先师之戒，其不干造物之怒，而自取祸咎者，几希矣。

都天宝照经

唐　杨筠松

上　篇

杨公妙应不多言，实实作家传，人生祸福由天定，贤达能安命，贫贱安坟富贵兴，全凭龙穴真。龙在山中不出山，挂在大山间，若是沙曲星辰正，收得阳神定，断然一葬便兴隆，父发子传荣。

蒋大鸿注：此一节，专论深山出脉，老龙干气，生出嫩枝之穴。

好龙脱劫出平洋，百十里来长；离祖离宗星辰出，此是真龙骨；前途节节出儿孙，文武脉中分；直见大溪方住手，诸山皆不走；个个回头向穴前，城郭要周完；水口乱石堆水中，此地出豪雄。若得远来龙脱劫，发福无休歇；穴见阳神三折朝，此地出官僚；不问三男并五子，富贵房房起。津湖溪涧同此看，衣禄荣华断。大水大河齐到处，千里来龙住；水口罗星锁住门，似大将屯军；落头定有一星形，非火士即金。正脉落平三五里，见水方能止。二水相交不用砂，只要石如麻；更看磷石高山锁，密密来包

里；此是军州大地形，细说与君听。

蒋大鸿注：此一节，专言大干传变，行龙尽结之穴，谓之脱劫龙，又名出洋龙。虽云城郭要周完，总之城郭都在龙身上见，不必于穴上见。盖龙到脱劫出洋，虽众山拥卫而行；前节，群支翼张，羽仪簇簇；至于几经脱卸之后，近身数节，将结穴时，龙之踪迹愈变，而龙之机势愈疾，此非左右二砂所能几及，往往龙只单行，譬之大将，匹马单刀。所向无言，一时偏裨小校，都追从不及，所以有不用砂之说也。高山不甚重水，独此等龙穴以水为证者，何与？山刚水柔，水随山之行以为行，山不随水之止以为止，而云直见大溪方住者，非谓山脉遇水而止也；正因山脉行时，水不得不与之俱行，则山脉息时，水不得不与之俱息。故干龙大尽之地，自然两水交环，有似乎千里来龙，遇水而止也。既云不用砂，而又云密密包里者，何也？夫结穴之处，虽不取必于两砂齐抱，要之真龙憩息之际，定不孤行，外缠夹辅，隐隐相从；水口星辰，有时出现，大为硖石。小为罗星，近在数里，远之二三十里，皆不可拘。前所谓砂，指本身龙虎而言，后所谓锁，指外护捍门而言也。只要石如麻，则不止谓水口而已，正言本身结穴之地。盖干龙剥换数十节，其渡水崩洪，穿田过峡，不止一处，若非石骨龙行，何以见真龙结体，今人见平地墪阜，误认来龙，指为大地，正坐此弊也。凡去山数里，即有高阜，或由人工，或出天造，既无真脉相连，又不见石骨棱起，总不谓之龙穴；所以落平之龙，重起星辰，必要石如麻也。有石脉乃为真龙，有石穴乃为真穴。山龙五星皆结穴。其云落头一星，独取火土金者，大约近祖支龙，蜿蜒而下，都结水木，出洋干结，踊跃而起，都作火土金，虽不可尽拘，而大体有如是者。前章一葬便兴，父发子荣，是言山中支结，龙榉而局窄，往往易发。此章言发福无休歇，五子房房起，是言出洋大尽，龙老而局宽，往往迟发而久长，意在言表也。姜氏曰，前章言山谷初落之穴，此一言出洋尽结之穴。山龙之法，虽不尽于此，而大略已备于此矣。

天下军州总住空，何曾撑着后头龙，祇向水神朝处取，莫说后无主，立穴动静中间求，须看龙到头。

蒋大鸿注：此节以下，皆发明平洋龙格。与山龙无涉矣。杨公唐未人，唐之言军州，犹今之言郡县也。盖以军州为证，见城邑乡村，人家墓宅，凡落平洋，并不论后龙来脉，但取水神朝绕，便为真龙憩息之乡。夫地静物也。水动物也；水之所止，即是地脉所锺，一动一静之间，阴阳交媾，雌雄牝牡，化育万物之源。所谓玄窍相通，即丹家玄关一窍也。此便是龙之到头，非舍阴阳交会之所，而别寻龙之到头也。识得此窍，则知平洋真龙诀法，而杨公宝照之秘旨尽矣，看龙到头有口诀。

杨公妙诀无多说，因见黄公心性拙，全凭掌上起星辰，类聚装成为妙诀。大山唤作破军星，五星所聚脉难分，但看出身一路脉，到头要分水士金；又从分水脉脊处，便把罗经照出路，节节同行过峡真，前去必定有好处。子字出脉子字寻，莫教差错丑与壬，若是阳差与阴错，劝君不必费心寻。

蒋大鸿注：自此章以下，皆杨公平洋秘诀，字字血脉，而又字字隐谜，非真得口口相传，天机钤诀者，未许执语言文字，方寸罗经，而妄谈二十四山八卦九星之理也。苟得口传心授，则虽愚夫樨子，可悟杨公心诀，不得口传心授，纵智过千夫，读破万卷，何能道只字耶。此书乃杨公当日装成掌诀，传与黄居士妙应者。大山唤作破军星，言水法涣散迷茫之处，五星混杂，出脉未见分明，概名之曰破军，而不入龙格；祇取龙神一路出身之脉，其脉又分水土金三星，合贪巨武为吉，余星皆所不取，此三星者，乃形局之星，非卦爻方位之贪巨武也。学者切莫误认。自分水脉脊以下，乃属方位理气矣；故云便把罗经照出路也。盖看得水神龙脉，既合三吉星格，其地可以取裁，乃将指南辨其方位，以定卦之合不合也；合卦则用之，不合卦仍未可用也。节节同行，卦无偏杂，乃许其为过峡脉真，而知言去定有好穴，不然，则行龙先见驳杂，到头何处剪裁。子字以下，乃直指看龙诀法，而举坎卦一卦为例，若出脉是子字，须行龙只在于字一官之内，乃为卦气清纯；如偏于左，而癸与丑杂，是子癸一卦，而丑字又犯一卦也；如偏于右，而壬与亥杂；是壬子一卦，而亥字又犯一卦也；此为卦中之阳差阴错，非全美之龙，故云不必费心寻也。

子癸午丁天元宫，卯乙酉辛一路同，若有山水一同到，半穴乾坤艮巽宫，取得辅星成五吉，山中有此是真龙。

蒋大鸿注：此承上节罗经照过峡，详言方位理气，即天王玄空大卦之作用也。其法分子午卯酉为天元宫，寅申巳亥为人元宫，辰戌丑未为地元宫，隐然天元之妙理，引而不发，欲使学者得诀方悟，其敢妄泄天秘，犯造物之忌哉。此取四仲之支为天元宫者，非此四支皆属天元，乃谓此四支之中有天元龙者存也。而其本文又不正言子午卯酉乙辛丁癸，必错举子癸午丁卯乙酉辛者，此其立言之法，已备出脉审峡定卦分星之密旨，观一路同三字，同中微异，须知剖别。已在言外。下文乃全露其机云；八宫同到，半穴乾坤艮巽官矣。一同到，非谓此八官一同到也。亦非谓八官之山与八官之水一同到也；谓此四支中任举一支，与此四干中一乾比肩同到，即杂乾坤艮巽之气矣。盖子午卯酉，本是四正之龙，而与八干同到，即有一半四偶之龙，不可不辨，辨之不清，则欲取天元，而非纯乎天元矣。末二句；辅星五吉，指天元官最清者言。盖天元龙虽包诸，而九星止有三吉，恐日久发泄太尽，末祚衰微，故须兼收辅弼官龙神，合气入穴，以成五吉，然后一元而兼两元，龙力悠远不替矣；故目之曰真龙，极其赞美之辞也。此节言山者，皆指水；盖平洋以水为山，水中即有山矣。辅星即是九星中左辅右弼；盖有二例，一、则九宫卦例，以一白配贪狼，二黑配巨门，三碧配禄存，四绿配文曲，五黄配廉贞，六白配武曲，七赤配破军，八白配左辅。九紫配右弼，此天玉经玄空大卦之定理也。一、则八宫卦例，将辅弼二星并一官，分配八卦，制为掌诀，二十四山系于纳甲之下，互起贪狼，为立向消水之用，阳宅天医福德，亦同此诀，窃以之彰往察来，皆无明验；盖即天玉所辨二十四山起八宫，唐一行所造，后人指为灭蛮经者也。二说真伪判然，不可以误认。

五吉，即三吉；盖形局九星，以水土金三星，为贪巨武三吉，而辅弼为入穴收气之用；方位九星，亦有三吉，虽以贪狼统龙。而每宫自有三吉，不专取巨武。此节天元宫兼辅为五吉，中有隐语，非笔墨所敢尽，既云五吉，则分辅弼作两星以配九宫，其非八宫之诀明矣。若在人地两元，别有兼法，见诸下文。此节以下所举干支卦位，俱带隐谜，若从实推详，不啻说梦，非杨公言外之真旨矣。

辰戌丑未地元龙，乾坤艮巽夫妇宗，

甲庚壬丙为正向，脉取贪狼护正龙。

蒋大鸿注：此取四季之支为地元龙者，亦谓此四支中有地元龙者存也；此四支原在乾坤艮巽卦内，故曰夫妇宗。此元气局逼隘，不能兼他元为五吉，止取贪狼一星，真脉入穴，护卫正龙根本。则卦气未值，其根不摇，卦气已过，源远流长，斯为作家妙用。贪狼即在甲庚壬丙之中，故但于此取正向乘正脉，与天人两元广收五吉者有殊，不言辅星，辅弼已在其中故也。杨公着书，泛论错举之中，其金针玉线，一丝不漏，盖如此。

寅申巳亥人元来，乙辛丁癸水来催，更取贪狼成五吉，寅坤申艮御门开，巳丙宜向天门上，亥壬向得巽风吹。

蒋大鸿注：此四季之支，亦属四偶卦，此四支中有人元龙者存也。天元之后，即应接人元，杨公因三才三正之序，颠倒错列，亦隐秘其天机，使人不易测识耳。此元龙格亦必兼贪狼，而后先荣后凋，若不兼贪狼，虑其发迟而骤歇矣。用乙辛丁癸水来催者；谓此四水中有贪狼也。此宫广大兼容，故旁及坤艮，亦所不碍，故曰御门开。若是巳丙壬亥相兼，则犯阴阳差错之龙矣；法宜去丙就巳，去壬就亥，以清乾巽之气。此则专为人元办卦而言，处处欲要归一路；盖一路者，当时直达之机，兼取者，先时补救之道，不直达，则取胜无选锋，不补救，则善后无良策，二者不可偏废也。总观三节文义，子午卯酉，配乙辛丁癸，辰戌丑未，配乾坤艮巽，为夫妇同宗；而寅申巳亥，独不配甲庚壬丙为夫妇；则其本意，不以甲庚壬丙属寅申巳亥可知矣。此正合天玉大五行作用，而非十二支配十二干为一路之俗说也。故不曰寅申坤艮，而曰寅坤申艮，非以寅为坤、以申为艮也。巳属巽而反曰天门，亥属乾而反曰巽风，颠倒装成，其托意微，而且幻类如此。至其立言本旨，不过隐然说出阴阳交互之象，然篇中皆错举名目，不肯分明，至后节主客东西，方露出端倪，而终不顾言。蒋之秘慎如此，使我有浪泄天机之惧矣。

贪狼原是发来迟，坐向穴中人未知，

立宅安坟过两纪，方生贵子好男儿。

蒋大鸿注：贪狼，诸卦之统领，得气先而施力远，何云发迟；此言人地两元兼收之脉，不当正卦！旁他涵蓄，故力不专，是以迟也。两纪约略之辞，生贵子，正见诞育英才，以昌世业，隐含悠久之义，非若他官一卦乘时。催官暂发之比。若夫应之迟速，是不一端，乌可执此为典要也。

立宅安坟要合龙，不须拟对好奇峰，

主人有礼客尊重，客在西兮主在东。

蒋大鸿注：山龙真结，必对尊星。而后出脉，或回龙顾祖，或枝干相朝，先有主峰，乃始结穴，故必以朝山为重。非重朝山，正重本身出脉真伪也。平洋既无来落，但以水城论结穴，水自水，山自山，虽有奇峰，并非一家骨肉，向之无益，故只从立穴处消详堂局，收五吉之气，谓之合龙；而不以朝山为正案也。末二句乃一篇之大旨，精微玄妙之谈。所谓主客，又不止于论向，而指龙为主人，向为宾客也。主客犹云夫妇，实指阴阳之对待，山水之交媾，一刚一柔，一牝一牡，玄窍相通，皆在于此。言有此主，即有此客，有此客便有此主，主客虽云二物，实一气连贯，如影随形。如谷答响，交结根源，一息不离，非谓既有此主，乃更求贤宾以对之也。东西盖举一方而言，亦可云主在西兮客在东。亦可云主在北兮客在南，主在南兮客在北，八卦四偶，无不皆然；所谓阴阳颠倒颠也。自天下军州至此，统论平洋龙法，其中卦位干支秘诀，总不出此二语，故于结尾发之，以包举通篇之义，学者所当潜思而体曲之。姜氏曰，一自宝照发明平洋龙格，开章直喝天下军州总住空，何须撑着后头龙，大声疾呼，朗吟高唱，此为杨公撰着，此书通篇眼目，振纲挈领之处，不可泛泛读过，盖平洋龙格，学世所以茫然者，只因俗师聋瞽，将山龙混入，无从剖辨，触处成迷也。平洋之作法既迷；并山龙之真格亦谬，失其一并害其二矣。杨公苦心喝此二语，醒人千古大梦，使知平洋二宅，不论坐后来脉，凡坐空之处，反有真龙，坐实之处；反无真龙，与山龙之胎息孕育，截然相反，欲学者从此一关打得透彻，更不将剥换过峡高低起伏，马迹蛛丝，草蛇灰线等字缠扰胸中；只在阴阳大交会处，悟出真机，而后八卦九星，干支方位，以次而陈，丝丝入扣，平龙消息，始无挂漏之虞。平龙既无挂漏，而山龙亦更无挂漏矣。倘不明此义，只讲后龙来脉，则造化真精，何从窥见，虽授之以八卦九星之奥，亦无所施也。穷年皓首，空自芒芒，高山平洋，总归魔境，我于是益叹杨公度人心切也。后篇所以复举二语，重言以申明之，意深切矣。此篇前十二句为一章，言深山支龙之穴；中三十四句为一章，言干龙脱杀出洋之穴，此二章皆属山龙。后四十六句，分七节为一章，言平洋水龙之穴。

下 篇

天下宫州总住空，何须撑着后来龙，时人不识玄机诀，只道后头少撑龙，大凡军州住空龙，便与平洋墓宅同，州县人家住空龙，千军万马悉能容，分明见者犹疑虑，龙不空时非活龙，教君看取州县场，尽是空龙摆拨踪，莫嫌远来无后龙，龙若空时气不空，两水界龙连生窟，穴得水兮何畏风，但看古来卿相地，平洋一穴胜千峰。

蒋大鸿注：天下军州二语，言篇已经唤醒。杨公之意，犹恐后人见不真，信不笃，故反复咏叹，层层洗发，穷追到底，罄其所以然之故。又恐概说军州大势，尚疑人家墓宅，或有不然，故指实而言，军州如是，墓宅亦无不如是；只劝世人拣择空龙，切勿取实龙作撑也。所以然者何也。山龙只论脉来，平洋只论气结，空则水活而气来融结，实则障蔽而生气阻塞；肉眼但见漭漭平田，毫无遮掩，疑为坐下风吹气散之地，不知水神界抱，阳气冲和；平洋之穴无水则四面皆风，有水则八风顿息，所谓气乘风则散，界水则止，古人之言，正为平洋而发也。

子午卯酉四山龙，坐对乾坤艮巽宫，莫依八卦阴阳取，阴阳差错败无穷，百二十家渺无诀，此诀玄机大祖宗，来龙须要望龙穴，后若空时必有功，帝座帝车并帝位，帝宫帝殿后当空，万代王侯皆禁断，予今隐出在江东，阴阳若能得遇此，蚯蚓逢之便化龙。

蒋大鸿注：此明八卦之理，即前子午卯酉、属坎离震兑四卦，乾坤艮巽，又四卦之义也。所谓坐对，非指山向，盖四正卦与四偶卦，两两相对，故云然也。八卦阴阳者，指八卦五行，以乾卦领震坎艮三男而属阳，坤卦领巽离兑三女而属阴，此先天之体，非后天之用，以之论阴阳，则差错而败不胜言矣。谈阴阳者，百二十家，皆此是彼非，渺无真诀，惟有玄空大卦，乃阴阳五行大祖宗，圣圣相传，非人匆示也。识得此诀，虽帝王大地，了若指掌，特禁秘而不敢言耳，杨公自言既得至道，不敢炫耀于世，故披褐相怀玉，抱道无言。然天宝虽秘惜，而救世之心，未尝少懈，曾于天王经江东一卦诸篇，隐出其旨，世之好阴阳者。有缘会遇，信而行之，顷刻有鱼龙变化之征也。或云杨公得道之后，韬光晦迹，背其乡井；隐于江东，俟者。

子午卯酉四山龙，支兼干出最豪雄，乙辛丁癸单行脉，半吉之时又半凶，坐向乾坤艮巽位，兼辅而成五吉龙。

蒋大鸿注：此皆杨公隐谜，学四正为例，若行龙在子午卯酉四支；长流不杂，虽兼带干位，总不出本卦之内，其脉清纯，故云最豪雄也。若乙辛丁癸，虽属单行，未免少偏，即犯他卦。所以吉凶参半也。言子午卯酉而乾坤艮巽不外是矣；言乙辛丁癸，而甲庚壬丙不外是矣。辨龙既清，乃于诸卦位中，随便立向，则又以方圆为规矩，而未尝执一者也。

辰戌丑未四山坡，甲庚壬丙葬坟多，若依此理无差谬，清贵声名天下无；为官自有起身路，儿孙白屋出登科。八卦不是真妙诀，时师休把口中歌，败绝只因用卦安，何见依卦出高官。阴山阳水皆真吉，下后儿孙祸百端。水若朝来须得水，莫贪远秀好峰峦；审宠若依图诀葬，官职荣华立可观。

蒋大鸿注：此指四偶龙脉而言，而举辰戌丑未为隐谜也。谓此等行龙，而取甲庚壬丙向者甚众，必须龙法纯全，向法合吉，毫无差谬，而后清贵之名，卓于天下也。起身路正指来龙之路。八卦本是真诀，而误用则祸福颠倒，故云非妙诀。后章八卦只有一卦通，乃始微露消息矣。收水之法，向云阳用阴朝，阴用阳应，乃卦理至当不易之言，而竟有阴山阳水。阳山阴水；反见灾祸者。则辨之不真，阳非阳而阴非阴也。得水二字，世人开口混说。然非果识天机秘旨，收入玄窍之中，虽三阳六建，齐会明堂，虎抱龙回；涓滴不漏，总未可谓之得；若知得水真诀，即阴阳八卦之理，示诸斯乎。莫贪远秀好峰，即上篇已发之义，致其叮咛之意云尔。

玄机妙诀有因由，向指山峰细细求，起造安坟依此诀，能令发福出公侯，真向支山寻祖脉，干神下穴永无忧，寅申巳亥骑龙走，乙辛丁癸水交流，若有此山并此水，白屋科名发不休，昔日孙钟扦此穴，从此声名表万秋。

蒋大鸿注：通篇皆言平洋，此章乃插入山峰者何也？盖八卦九星，乃阴阳之大总持。故凡有山之水，可以不论山，而有水之山，不能不论水，若遇山水相兼之地。未可但从山龙而论，还须细细寻求，亦必合此玄空大卦之诀，而后墓宅产公侯也。祖脉必要支山，盖从四正而论。下穴立向，则不拘干支矣。此祖脉乃玄空之祖脉。非山龙之来脉也；读者切勿错认。寅申巳亥，乙辛丁癸，俱属易犯差错之龙，故曰骑龙走，水交流，文有殊，义无别。此山此水。而科名不歇者，不犯差错故也。孙钟墓；在富阳天子冈。木山龙，而收富春江长流之水，故引为证。

来龙须看坐正穴，后若空时必有功，州县官衙为格局，必然清显立威雄，范蠡箫何韩信祖，乙辛丁癸足财丰，亥壬丰隆兴祖格，巳丙旺相一般同，寅申巳亥等五吉，乙辛丁癸四位通，紫耕昼锦何荣显，三牲五鼎受王封，龙回朝祖元字水，科名榜眼及神童。后空已见前篇诀，穴要窝钳脉到官，试看州衙及台阁，那个靠着后来龙，砂捐水朝为上格，罗城拥卫穴居中，依图取向无差误，不是王侯即相公。

蒋大鸿注：后空之旨，屡见篇中，而此章又反复不已者，盖后空不但无来脉而已，并重坐下有水，乃谓之活龙摆拨，而成真空有气也。故首句云坐正穴，实指穴后有水取为正坐也。古贤旧迹，往往如此；遍地钳，所谓杜甫卢同李白祖，此又引范蠡萧何韩信，总合此格。下列诸干支，言不论是何卦位，只要合得五吉收归坐后，发福如许尔。故下文即接回龙朝祖元字水，分明指出言朝曲水，抱向穴后，乃回龙顾祖之格也。神童黄甲，必可券矣。篇中又自言后空之诀，已见言篇，然恐人误认，只取坐后无来脉，便云有气，不知穴后必须水抱成窝钳之形，而后谓之到官，若但云空耳，非坐水之空，空何贵焉。砂揖水朝，罗城拥卫，皆就水神而论；穴正居中，指坐穴也。此节直说出王侯将相大地局法，非泛论也。

天机妙诀本不同，八卦只有一卦通，乾坤艮巽躔何位，乙辛丁癸落何宫，甲庚壬丙来何地，星辰流转要相逢，莫把天罡称妙诀，错将八卦作先宗。乾坤艮巽出官贵，乙辛丁癸田庄位，甲庚壬丙最为荣，下后儿孙出神童，未审何山消此水，合得天心造化工。

蒋大鸿注：一部宝照经，不下数千言，皆半含半吐，至此忽然漏泄。盖阴阳大卦，不过八卦之理，而篇中乃云八卦不是真妙诀者，正为不得真传，不明用卦之法故也；而其所以不明用卦之法者，皆因泛言八卦，而不知八卦之中，止有一卦可用故也。大五行秘诀，不过能用此一卦，即从此

一卦流转九星，便知乾坤艮巽诸卦落在何宫，二十四山干支落在何官，而或吉或凶，指掌了然矣。俗师不得此诀，妄立五行，有从四墓上起天罡，以为放水出煞之用，如何合得八卦之理。夫收得山来，乃出得煞去，不知一卦作用，山既无从收，一卦不收，诸卦干支又何从流转九星，求纯弃驳，而消水出煞乎，今日但知二十四山，处处可出官贵，处处可旺田庄，处处可出神童，而不知二十四位水路交驰，果下何卦、收何山，乃消得此水，出得煞去。夫既不能收山出煞，则其谈八卦，论干支，皆胡言妄说而已，何以契合天心，而造化在手也。天心即天运，非善人合天之家，不能遇也。大五行所谓一卦，即指天心正运之一卦也。篇中露此二字，其间玄妙，难以名言。杨公虽指出天心一卦之端，而其下卦起星之诀，究竟未尝显言，则天机秘密，须待口传，不敢笔之于书也。

五星一诀非真术，城门一诀最为良，识得五星城门诀，立宅

安坟定吉昌，堪笑庸愚多慕此，妄将卦例定阴阳，不向龙身观出脉，又从砂水断灾祥，筠松宝照真秘诀，父子虽亲不肯说，若人得遇是前缘，天下横行陆地仙。

蒋大鸿注：言章既言一卦下穴收山出煞之义，此章又直指城门一诀，杨公此论，真可谓披肝露胆矣。此盖五星之用，其要诀俱在城门，识得城门，而后五星有用，于此作二宅，无不兴隆者矣。城门一诀，与龙身出脉，正是一家骨肉，精神贯通，能识城门，乃能观出脉，能观出脉，便能识城门。故笑世人不识此秘，而妄谈卦例，从砂水上乱说灾祥也。此以下，皆杨公镂精抉髓之言，得此便是陆地神仙，父子不传，夫亦师传之禁戒如是，岂敢违哉。

世人只爱周回好，不知水乱山颠倒，时师但知讲八卦，却把阴阳分两下，阴山只用阳水朝，阴水只用阳山照，俗夫不识天机妙，自把山能错颠倒，胡行乱作害世人，福未到时祸先到。

蒋大鸿注：道德不云乎，常无欲以观其妙，常有欲以观其窍，此正丹家所谓玄关一窍，大道无多，只争那些子，故曰不离这个，人身有此一窍，地理家须要识阴阳之窍，今人只爱周回好，而不知那些子，些子合得天机，周回不好亦好，些子不合天机，周回虽好皆无用矣；阴山阳山，阴水阳水，皆现成名色，处处是死的，惟有那些子是活的，些子一变，阴不是阴，阳不是阳，阴可作阳，阳可作阴，故曰识得五行颠倒颠，便是大罗仙，世人不谙天机，误将山龙来脉，牵合平洋理气，执定板格，阴阳反成差错，乃真颠倒也。本欲造福，反以贾祸，杨公所为恻然于中，而有是书也。

阳若无阴定不成，阴若无阳定不生，
阳水阴山相配合，儿孙天府早登名。

蒋大鸿注：此节并下节，尤为全经倾囊倒个之言，而泛泛读过，则不觉其妙，盖学平洋龙法穴法，收山出煞八卦干支之理，一以贯之矣。孤阳不生，独阴不育，此虽通论；而大五行秘诀，只此便了。学者须在山水配合上着眼；所谓配合，自然配合；非寻一个阳以配阴，寻一个阴以配阳也。水即是阳，山节是阴，阴即是山，阳却是水；故只云阳水阴山，而不更言阴水阳山；知此可读宝照经矣，知此者，亦不必更观宝照经矣。章氏直解：阴阳，即来者为阳，往者为阴之阴阳也。阴山阳水者，当用将来之气，挨入水中，已往之气，装在山上，即为阳水阴山，此阴阳是气运消长之阴阳，非干支卦爻之阴阳；又非左到右到之阴阳；又非上元必须离水，下元必须坎水之阴阳；又非以来水为阳，去水为阴之阴阳也。

参透此关，方知生成配合之妙理矣。水里排龙，水里得阳，山上得阴；山上排龙，山上得阳，水里得阴；此谓之阳水阴山，阴水阳山也。上文所谓阳山阳水者此也；所谓山与水相对者此也。所谓江南江北主客东西亦即此也。孤阳不生，独阴不长，此天地生成至当不易之理也。配合，即阳水阴山，阴山阳水，交互相生，来往皆春，此真配合也。苟能如此，自有天府登名之应。

都天大卦总阴阳，玩水观山有主张，

能知山情与水意，配合方可论阴阳。

蒋大鸿注：急接上文，都天大卦岂有他哉，总不过阴阳而已，真阴真阳，只在山水上看，而玩水观山，须胸中别自有主张，此主张非泛泛主张，乃乾坤真消息，所谓天心是也。山情水意四字，全经之窍妙，今人孰不曰山水有情意，而不知世人所谓情意，非真情意也。识此情意，则是阴阳便成配合；青囊万卷，尽在个中，呜呼至矣。

都天宝照无人得，逢山踏路寻龙脉，上刖头走到五里山，遇着宾主相交接，欲求富贵顷时来，记取筠松真妙诀。

蒋大鸿注：上文说到山情水意，都天大卦之理尽矣；此节又赞叹而言。此都天宝照，不轻传世，若有人能得，以此观山玩水，一到山情水意，宾主相交之处，用杨公诀法扦之，顷刻之间，造化在手。盖一片热肠，深望人之信从而发此叹也。

天有三奇地六仪，天有九星地九宫，十二地支天干十，干属阳兮支属阴，时师专论这般诀，误尽阎浮世上人。阴阳动静如明

得，配合生生妙处寻。

蒋大鸿注：言篇赞叹已足，此又引奇门以比论者，盖奇门主地；从洛书来，与地理大卦，同出一原，而时师用错，所以不验，惟有大五行，是奇门真诀，欲知此诀，只在阴阳一动一静之间，求其配合生生之妙，则在在有一阴阳，非干是阳，支是阴，如此板格而已。盖动静，即是山情水意，即是城门一诀，即是收山出煞，用一卦法，所谓龙到头者此也。所谓龙身出脉者此也。所谓龙空气不空者此也；是名真宾主，是名真夫妇，是名真雌雄。此篇又提出此二字，与上篇第三章动静中间求一语，首尾相应，杨公之旨，抑亦微之显矣夫。姜氏曰，中篇一十三节，共一百四十六句，皆申明上篇第三章以下未尽之义，以终平洋龙穴之变。

蒋大鸿注：此节后空之义，因世人都喜后高，故复叮咛如此。人但知后高为有坐托，不知其掩蔽阳光，而偏照阴气，生机斩绝，人口伶仃，故有孤寡之应也。可不戒与。予观人家穴后，有挑筑两三重照山，以补后托，未有不大损人丁，甚至败绝无后者；利害攸关，特为指出。此节单言平洋格法；若是山龙之穴，则又以后高为太阳正照而吉，后空为太阳失陷而凶。读者莫错误会也。

贪武辅弼巨门龙，方可登山细认踪，

水去山朝皆有地，不离五吉在其中。

蒋大鸿注：此节及下文九星，皆指形局而言。盖见其星体合吉，方登山而定其方位，若形局方位皆吉，即水去亦吉。今人动云？第一莫下去水地，谬矣。

破禄廉文凶恶龙，世人坟宅莫相逢，

若然误作阴阳宅，纵有奇峰到底凶。

蒋大鸿注：此二节，专言平洋九星水法。

本山来龙立本向，返吟伏吟祸难当，自缢离乡蛇虎害，作贼充军上法扬，明得三星五吉向，转祸为祥大吉昌。

蒋大鸿注：本山本向，非子龙子向，丑龙丑向，倒骑龙之谓也。盖指八卦纳甲而言；山龙有纳甲本卦向法，皆净阴净阳；其在平洋向法，反不拘净阴净阳，而以本卦纳甲干支，位位作返吟伏吟，凶不可当。三星与五吉不同，三星言龙体，五吉言卦气，消详龙体于卦气之中，自有天然向法，可不犯本官，而灾变为祥矣。

龙真穴正误立向，阴阳差错悔吝生，几为奔走赴朝廷，才到朝廷帝怒形，缘师不晓龙何向，坟头下了剥官星。

蒋大鸿注：此言龙穴虽真，而误立本官之向，阴阳不和，至于剥官也。盖地理虽以龙穴为重，发与不发，专由龙穴而立向坐官。又穴中迎神引气之主宰，此处不清洁，如玉之瑕，不成美器矣。致广大而尽精微，又何可不详审也耶。此所谓向，非以山向五行起长生为消纳也；亦非小玄空生出克出生入克入之说；学者慎之。姜氏曰：以上四节，皆言平洋理气之用。

寻龙过气寻三节，父母宗校要分别，孟山须要孟山连，仲山须要仲山接，干奇支偶细推详，节节照定何脉良，若是阳差与阴错，纵吉星辰发不长，一节吉龙一代发，如逢杂乱便参商。

蒋大鸿注：此等卦理，中上二篇，论之已详，反复叮咛，致其深切之意；又指明发福世？

代久暂之应，全在龙脉节数长短，故父母宗校要分别也。

先识龙脉认祖宗，蜂腰鹤膝是真踪，要知吉地行龙止，两水相交夹一龙，夫妇同行脉路明，须认刘郎别处寻。平洋大水收小水，不用砂关发福久，水口石似人物形，定出擎天调鼎臣。

蒋大鸿注：此节兼论山龙平洋。言山龙真脉，则取蜂腰鹤膝为过峡；而平洋则不然，只取两水相交，为来龙行脉，不在过峡上看脉也。但须脉上推求，识干支纯杂，夫妇配合之理；如此官不合，又当别求他官，不可牵强误下，故云刘郎别处寻。且山龙取砂为关；而平洋不用砂关，只要大水龙行收入小水结穴，有此小水，引动龙神，千流万脉，其精液皆注归于小水，以荫穴气。此平洋下穴秘旨，一语道破，混沌之窍凿矣。观此则知所谓两水相交；非谓左右两水会穴前，而龙从中出、谓之行龙也；正谓大水与小水相交之处，乃真龙之行，真穴之止也。既有此小水，收尽源头，又何虑砂水之为我用与否？岂砂之拦阻能强之者耶；人且不可强，而况于水。若水口捍门，此山龙大地雄峙一方之势。

龙若直来不带关，支兼干出是福山，

立得吉向无差误，催禄催官指日间。

蒋大鸿注：此亦上下二篇所已详。盖以四正为例，而其余自在言外，非位位取地支也。

乾坤艮巽脉过凹，节节同行不混淆，向对甲庚壬丙水，儿孙列士更分茅。仲山过脉不带关，三节山水同到前，断定三代出官贵，古人准验无虚言。

蒋大鸿注：此则单指四偶龙格，反取干神，并不言及辰戌丑未，则其非专重地支可知矣。脉是内气，而向对之水是外气，两不相妨也。杨公辨龙审卦之妙，口口说重地支，而本旨实非重地支，世人被他瞒过多矣，岂知一只眼逗漏于此节，学者其毋忽哉。

发龙多向支神取，若是干神又不同；支若载干为夫妇，干苦带支是鬼龙；子癸为吉壬子凶，三字真假在其中。乾坤艮巽天然穴，水来当面是真龙；要识真龙结真穴，只在龙脉两三节，三节不乱是真龙，有穴定然奇妙绝。千金难买此玄文，福缘遇者毋轻泄，依图立向不差分，荣华富贵无休歇；时师不明勉强扦，虽发不久即败绝。

蒋大鸿注：发龙多取支神，此乃用支之卦也。干神不曰无取，而乃曰若是干神又不同，明明有用干之时，而特与用支者不同尔。干带支为鬼龙，只就子癸壬子一宫为例，其真其价，三字之中，迥然差别。何以乾坤艮巽，独名天然穴；盖直以乾坤艮巽为龙，不更转寻名相，故曰天然；若地龙则干支卦位，非一名矣。水来当面是真龙，此语石破天惊，鬼当夜哭，盖乾坤艮巽之穴，又与取支恶干者不同；观此则宝照之诀，实非单重支神，洞然明白矣。至于格龙之法，止要两三节不差错，则卦气已全，不必更求于四五节之外，恐人拘泥太过，遇着好龙，当面错过，所以发此，非杨公迁就之说也。但此两三节，定要清纯，若到头节数，略有勉强，不能无误，又戒作者须其难其慎也。

一个星辰一节龙，龙来长短定枯荣，孟仲季山无杂乱，数产人龙上九重，节数多时富贵久，一代风光一节龙。

蒋大鸿注：此亦论平洋龙神节数，以定世代近远之应，总在行度之纯杂上断也。

玄空风水代表作

嵇中堂祖墓　子山兼壬丙　三运扦

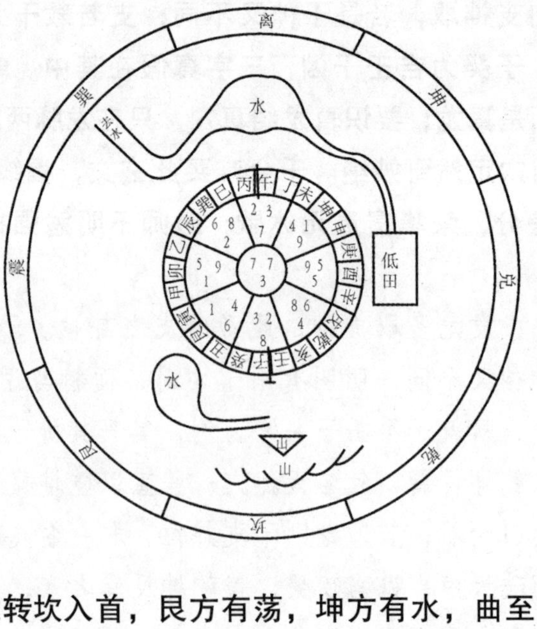

乾亥来龙转坎入首，艮方有荡，坤方有水，曲至离方大开洋，

至巽方消出。兑方低田，结穴亦低田。

章仲山曰："卯山卯向卯源水，合江西全局，初扦时必不能发，六运大发富贵。"

沈注：此局向上旺星到向，山上用变卦，七人中顺行，旺星到山，三即卯，所谓"卯山卯向卯源水"者，离方开大洋故也。况运与向合十为最吉，又艮坤方为一四，俱有水光照穴，安得不大发富贵耶！初扦时不发，必至六运大发者，盖江西卦为地元，地元兼收贪狼，不当正运，傍他涵蓄，力不专，故迟也。六运客星贪狼到向，水能生术，自然富贵骤兴。非若他宫一卦乘时，催官暂发者之比矣。

王则先谨按：是局背山，面水，龙向水各得三碧旺神，故云："卯山卯向卯源水"，合江西卦全局，盖江西卦起于东，论卦属震，其数即为三也，明此，则《天玉经》所谓"乾山乾向水朝乾，午山午向午来堂，坤山坤向水坤流"三局，从可知矣！父母为卦之中气，运与向全盘合十，受气自迂缓而悠远，且局势宏大者，发亦较迟，故必待向首一星得生旺之扶助，客星贪狼加临，水来生木，然后富贵勃兴。此非勾搭小地，一卦乘时，催官暂发者所可等量齐观耳。

【按】

文中沈注说此墓初迁时不发，必至六运才大发者，盖江西卦为地元，此地元是指文曲四绿星。而指六运旺者，因为贪狼到向。(六运运星，贪狼一白坎到向方)。而河图之理，"一六共宗"，一为六之照神，故作吉论。

严探花祖墓　辰山戌向　三运扦

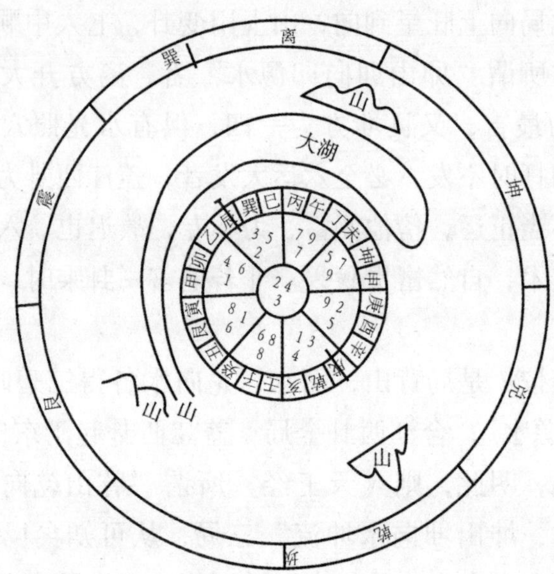

地由艮方高山双峰落脉，出唇十余丈，左右砂紧紧环抱，卯方水贴近，巽离坤三方大湖，湖外有山，乾方有峰，秀美挺拔，惟峰尖稍歪。

主人曰：“葬此坟时，地师云：‘可惜状元峰不正，他年必中探花郎’。”章仲山曰：“此地师之托词耳，其实探花不关峰之歪，由挨星一四同宫稍涉偏歪之故。”主人问：“挨星何以偏斜？”章仲山笑而不答。

沈注：一四挨星偏斜，以运星之四到向，又以山上之一到向，不能以向上之一到向故也。

王则先谨按：三运辰戌固旺，而此局偏坐向有水，向上有山，理气与形局相背驰，初年未必即利，且地运最短。然他年必中探花郎者，以其地龙真穴的，朝山挺秀，向上又得一四同宫，故运纵短，卒能依然发贵耳！

【按】

此宅为“旺星到山到向”，惜峦头山颠水倒，墓为“坐水朝山”格，反将到山到向旺星变成“变格的上山下水（山里龙神见水，水里龙神见山。）”，主初年丁财两败。

各位研究这一个实例，则知理气与峦头配合的重要性。

玄机赋

宋　吴景鸾

大哉！居乎成败所系。危哉！葬也兴废攸关。气口司一宅之权，龙穴乐三吉之辅。阴阳虽云四路，宗支只有两家。数列五行体用，恩仇始见星分。九曜吉凶，悔吝斯章。宅神不可损伤，用神最宜健旺。值难不伤，盖因难归囚地。逢恩不发，衹缘恩落仇宫。一贵当权，诸凶摄服。众凶克主，独力难支。火炎土燥，南离何益乎艮坤。水冷金寒，坎癸不滋乎乾兑。然四卦之互交，固取生旺。八宫的缔合，自有假真。地天为泰，老阴之土生老阳。若坤配兑女，庶妾难投寡母之欢心。泽山为咸，少男之情属少女。若艮配纯阳，鳏夫岂有发生之机兆。乾兑托假邻之谊。坤艮通偶尔之情。双木成林，雷风成簿。中爻得配，水火相交。木为不神之本，水为木气之元。巽阴就离，风散则火易熄。震阳生木，雷奋而火尤明。震与坎为乍交。离共巽暂合。坎元生气，得巽木而附宠联欢。乾乏元神，用兑金而傍城借主。风行地上，决定伤脾。火照天门，必当吐血。木见戌朝，庄生难免鼓盆之叹！坎流坤位，贾臣常遭贱妇之羞。艮非宜也，筋伤股折。兑不利欤，唇亡齿寒。坎宫缺陷而胎。

离应岩而损目。辅临丁丙，位列朝班。巨入坤艮，田连阡陌。名扬科第，贪狼星在巽宫。职掌兵权，武曲峰当庚兑。乾首坤腹，八卦推详。癸足丁心，十干类取。木入坎宫，凤池身贵。金居艮位，乌府求名。金取土培，火宜木相。

玄空秘旨

不知来路，焉知入路，盘中八卦皆空。未识内堂，焉职外堂，局里五行尽错。乘气脱气，转祸福于指掌之间，左挨右挨，辨吉凶于毫芒之际。一天星斗，运用只在中央，千瓣莲花，根蒂生于点滴。夫妇相逢于道路，却嫌阻隔不通情。儿孙尽在门庭，犹忌凶顽非孝义。卦爻杂乱，异性同居，吉凶相并，螟蛉为嗣。山风值而泉石膏盲。午酉逢而江湖花酒。虚联奎壁，启八代之文章。胃入斗牛，积千箱之玉帛。鸡交鼠而倾泻，必犯徒流；雷出地而相冲，定遭桎梏。火克金兼化木，数惊回禄之灾。土制水复生金，自主田庄之富。木见火而生聪明奇士。火见土而出愚钝顽夫。无家室之相依，奔走于东西道路。鲜姻缘之作合，寄食于南北人家。男女多情，无媒妁则为私约。阴阳相见，遇冤仇而反无猜。非正配而一交，有梦兰之兆。得干神之双至，多折桂之英。阴神满地成群，红粉场中空快乐。火曜连珠相值，青云路上自逍遥。

非类相从，家多淫乱，雌雄配合，世出贤良。栋入南离，骤见厅堂再焕。车驱北阙，时闻丹诏频来。苟无生气入门，粮艰一宿；会有旺星到穴，富积千锺。相克而有相济之功，先天之乾坤大定。相生而有相凌之害，后天之金木交并。木伤土而金位重重，虽祸有救；火克金而水神叠叠，灾不能侵；土困水而木旺无妨，金伐木而火荧何忌。吉神衰而忌神旺，乃入室而操戈；凶神旺而吉神衰，直开门而揖盗。重重克入，立见消亡；位位生来，连添财喜。不克我而我克，多出鳏寡之人；不生我而我生，乃生俊秀聪明之子。为父所克，男不招儿。被母所伤，女不成嗣。后人不肖，因生方之反背无情；贤嗣承宗，缘生位之端拱朝揖。我克彼而反遭其辱，因财帛以丧身。我生之而反被其灾，为难产以致死。腹多水而膨胀。足以金而蹒跚。巽宫水路绕乾，为悬梁之犯。兑位明堂破震，主吐血之灾。风行地而硬直难堂，室有欺姑之妇。火烧天而张牙相斗，家生骂父之儿。而局相关，必生双子；孤龙单结，定主独夫。坎宫高塞而耳聋；离位摧残而目瞎。兑缺陷而唇亡齿寒，艮伤残而筋枯臂折。

山地被风，还生疯疾；雷风金伐，定被刀伤。家有少亡，只为冲残子息卦；庭无耄耋，多因裁破父母爻。漏道在坎宫，遗精泄血。破军居巽位，颠疾疯狂。开口笔插离方，必落孙山之外；离乡砂见艮位，定遭驿路之亡。金水多情，贪花恋酒；木金相反，背义亡恩。震庚会局，文臣而兼武将之权；丁丙朝乾，贵客而有耆耄之寿。

天市合丙坤，富堪敌国，离壬会子癸，喜产多男。四生有合人文旺，四旺无冲田宅饶。丑未换局而出僧尼，震巽失宫而贼丐。南离北坎，位极中央。长庚启明，交战四国。健而动，顺而动，动非佳兆。止而静，顺而静，静亦不宜。富并陶朱，断是坚金遇土。贵比王谢，总缘乔木扶桑。辛比庚，而辛要精神。甲附乙，而甲亦灵秀。

癸为玄龙，壬号紫气，昌盛各得有因；丙临文曲，丁近伤官，人财因之耗乏。见禄存瘟皇（加病头）必发，遇文曲荡子无归。值廉贞而顿见火灾，逢破军而多亏身体。

四墓非吉，阳土阴土之所裁。四生非凶，卦内卦外由我取。要知祸福缘由，妙在天心仑。

飞星赋

流八卦颠倒九畴，察来彰往，索隐探幽。承旺承生，得之足喜，逢衰逢谢，失则堪忧。人为天地之心，凶吉原堪自主，易有祥灾之变，避趋本可预谋。小人昧理妄行，祸由自作；君子待时始动，福自我求。试看复壁身（坤为积土、有墙壁之象。又为身，震犯坤土，故主土击。篇中借用六十四卦名，以明山与向之飞星也，下仿此。）壮途蹶足（壮、大壮也。震为足，乾为行人。乾金克震木，故主跌仆也）。

同人车马（乾为马，为远，为行人，离曰克之，故有此象）。小畜差徭劳碌（巽为命令，乾为大人，乾克巽，故有差徭劳碌之象）。乙辛兮家室分离（乙即震，为主，为夫，为反，为出。辛即兑，为少女，为毁折，震兑对待相克，故有此应）。辰酉兮闺帏不睦（辰即巽，巽为长女。酉即兑，兑为少女。兑巽相克，故主闺帏不睦）。寅申触巳，曾闻虎家人（参宿为白虎在申宫，寅宫亦有尾虎，申寅相对，冲则动，再过流年巳火吊来，寅刑巳，巳刑申，三刑会，自有哇人之象，又象取坤虎艮山巽风，然事不常见下，故取象于大伤）。壬甲排庚，最异龙摧屋角（震为龙，坎为云、为雨。兑为泽，震坎相生，云从龙，象兑来冲克，龙飞腾象，主有龙阵摧屋，然事亦非常见，下故取象于蛇）。或被犬伤，或逢蛇毒（艮为狗，逢三刑以犬，断若坤为主，则断牛伤。又巽为蛇，必吊太岁到向，方断伤人，否则见蛇而已）。青楼染疾，只因七弼同黄（兑为少女，为贼妾，离为心，为目，心悦少女，淫象也，五黄性毒，故主患疮毒）。寒户遭瘟，缘自三廉夹绿（震为虫，中五性毒，巽风夹之，故瘟又有风疹）。赤紫兮，致灾有数（七赤为先天火数，九紫乃后天火星，二星相并，水如冲动，灾必骤发，泄之反不见殃，火性炎烈故也）。**黄黑兮酿疾堪伤**（二黑在一、二运为天医，馀运为病符，若与五黄同到，疾病损人）。**交主乾坤，吝心不足**（乾为金，坤为吝啬，故吝而无厌）。**同来震巽，昧事无常**（震为出，巽为入，出入不当，故因循误事）。**戌未僧尼，自我有缘何益**（戌为僧，未为尼，失时相生何益）。**乾坤神鬼，与他相克非祥**（乾为神，坤为鬼，克则有鬼神指责）。**当知四荡一淫，淫荡者扶之归正**（四为风，故荡，水趋下须扶，盖得时吉，失时凶，此四为主，非一为主也）。

须识七刚三毅，刚毅者制则生殃（凡三七皆不可克制，克制则其祸尤烈）。**碧绿风魔，他处廉贞莫见**（雷风相簿，本主疯病，叠五黄则立应）。**紫黄毒药，邻宫兑口休尝**（火味苦，五性毒，故为毒药。若兑金贪五土之生，则毒药入口矣，嗜烟者如之）。**酉辛年，戊己吊来，喉间有疾**（兑为喉舌，逢五黄必生喉癌）。**子癸岁，廉贞飞到，阴处生疡**（一为肾，故为阴处，主脓血，故有生疡之象）。**豫**（雷地也），**拟食停**（坤为脾胃，木克之脾胃受伤，故食停）。**临**（地泽也），**云泄痢**（泽金泄坤腹之气，泽性注下，故主痢）。**头响兮六三**（乾为首，震为声，雷性上腾，故头鸣，大抵肝阳上升等症）。**乳痈兮四五**（四为乳，主脓血）。**火暗而神智难清**（火为神，若离宫幽暗，主神昏，此兼气色断下，仿此）。**风郁而气机不利**（在天为风，在人为气，巽宫窒塞，故有此应）。**切莫伤夫坤肉震筋，岂堪损手离心艮鼻**（此言方位不可有恶形）。**震之声，巽之色，向背当明**（向背指形势言）。**乾为寒，坤为热，往来切记**（往来指来势及门路，言遇乾坤双至，必患三阴疟）。**须识乾爻门向，长子痴迷**（乾爻，戌也，乾为知，为健，失时则痴迷矣）。**谁知坤卦庭中，小儿疾病**（二为病符，若飞到东北方，主少男病，凡乾坤二卦，以老父老母断，十有一二验，应六子当事故也）。

通玄鬼灵经

宋　陵萝子　著

总　诀

鬼灵经大宋陵萝子所著，专论堪舆一道，其中之妙，灵应异常，非别书所能比也，世之论风水者，纷纷不一，然无秘诀，终难入道，为人开山点穴，焉能趋吉避凶，此书之奥，不究来龙去脉，砂水罗盘，只要见景生情，触机应变，一动一静，一草一木，皆可参详，知往查来，百无一失。

未登山先知家道之盛衰，才进门便决丁财之旺弱，观新坟覆旧墓，视宅基审气色，纤毫不爽，正是妙法不多三五句，千金不与世人传，后有乡人张子，为人孝义合里咸知，惟家贫衣食无计，适遇师颇有缘，欲传之，苦不识字，遂口授之，不数日一一通晓，后名重当世，成为巨富。

阴宅入坟断

入山观坟，忽闻松涛之音，暗藏杀伐之象，又闻猿啼虎啸之声，似有哀鸣之状，俱非吉兆，应断官灾、是非、离别、疾厄之患，当临期参断，靡不应验。

观平阳之地，并视墓上形状，椁上之砖瓦，两傍之依靠，或损伤碎玻不整，粉饰华丽，此可察机参断。

昔有一士精于此法，于卯年冬间被友邀往覆墓，未及到地，在舟中遥望，见坟上松荫稠密，翠色可餐，及抵岸左脚偶踏碎一砖，视之乃破砚也，此坟葬后二年内，长房必发科甲，定许丁财两旺，富贵绵长，其人惊服。

又观一墓，将登岸，只见二鹊从南方哀鸣，望西方而去，连叫数声，及至地，观松林疏落，树色焦黄，似凋零之状，即断曰，此葬之后，必连遭回禄，伤丁耗财之咎，其人钦服。

有富家邀往观墓及至地，师举目看，只见松影青翠，地势平坦，水秀澄清，日光霭霭，颠子应出次房，正谈论间，只见一人乘青骢马飞奔而来，顷言，发贵者，正应在此人身上，询之此人，已得青云连步，科甲登先。

有一儒邀师看地，未及至墓，即曰：旧岁应得一子，未半月而卒，延者惊服，明岁居家临场应得一榜，众皆不信，后俱如断。

昔有人邀师视墓，因路远，用小舟而往，后至坟上，忽断其橹，舟人无措，主人叫舍橹撑篙，至岸又芦席跌下水中，及至地时，忽见二白兔从穴中出，望西而去，即断曰，行舟断橹，此坟葬后家长有灾，芦席下水，妇人产惊不免，穴前兔走西南而去，家中小口有灾厄，询之，果然。

又看一坟及临地，远望有一塔，相去半里，而塔尖直对穴前，因断曰：此坟葬后，主伤人口及小口，并有火烛之咎。

又至一处，将近穴前，观其树木荫茂，风景萧疏，有一种清雅之气，超凡之象，乃断曰，此坟葬后应出清高技艺，风流高士，好隐之人。

发贵论

凡临地覆墓，务要见机应变，触物悟玄，神而明之，易于通晓，地势宜广阔，树木宜稠密苍翠，水色宜清秀洪大，风景宜潇洒，四野无喧斗之声，八方有瑞霭之气，自然发贵绵长。

如木落凋零，地面歪斜，乌鸣兽踏，四顾凄凉，前后缺陷，必产孤寒贫贱之子。

凡登山观地，见高贵珍重，文书坚固，彼喜庆之类，则以吉断。见破碎微贱之物，则以凶断。或瓦石草木，金银刀剑之类，人物鸟兽，山林花卉，纸扎竹砖之类，皆可参详，再将五行生旺，决之必准。

发富论

凡临山，或登平阳之地，将第一步上地，再将五行、方向、时、合高低平稳推之，即断其贫富，再无不准，或第一步至平坦之所，见吉祥之物，朝生旺之方，则家业必隆。左为长房富，右为次房发。见五色花街道，虽富定艰于子息。见单鸟单鸦飞，主出残疾孤寡之人。脚踏枯木，富尽穷来，家有疾病之人，并外来之者，同手攀技，富而且贵，左枝发长房，右枝发次房，攀枯枝损丁耗财，长次照前参断，余皆仿此。

贫贱论

凡观坟气色，重在松林为上，看形势地，而物类次之，如有树木，即看树木，无则观其动静亦可。松头生黄色气，家道初贫，生焦气家业久贫，生黑气贫而且贱，凄凉色必有丧丁，破财缧絏之人，且有孤寡淫贱之流，必验。

地势有闹热之气，先贫而后富。地荒凉有鸟鸣哀泣之状，贫而无丁。步著残坏休咎之物，家业必贫。步著破碎之物剥削最多，以致家业渐落，事业簸番。步著死兽死蛇，伤财之物必应损人，兼之患难多。五行颜色，旺相并休咎，伤残圆全，断之的确。

贤愚论

坟上有祥瑞之气，黄紫之色，家中必有良善之人。松林上生苍翠秀美之色，家内必有贤达之士，且有发科甲有德行之人。如地上平实，水道正直，树木粗颓，气色青黑，家内必生粗俗愚鲁之人。踏著泥块及松堆，主生浮而不实，游乎好闲之辈，粗俗不习上进之人。如踏著近贵坚硬粹美文用之物，必主家有贤达清高近贵之人。再将向方时，侯五行合断，百不失一。

子息论

凡许子息，须观坟旁之草色、树上之枝叶、脚步之高低、物类之生气、坚破、圆尖、大小、花卉之颜色、草木之本，结果，不结果，有验。

如坟上草色枯残不盛，必定子孙艰辛。树枝零落，早子难招。地局偏歪，必生不肖之子。鸟鸣争斗，立生好讼之徒。踏著菊花，子息应迟，且防乏嗣之叹。踏著破碎不整休咎之物，主残疾坏头破相之子。凡断宜活变，不可执一而论，务在智者，然后能用之，余可依类而推。

妻妾论

远眺坟上有黑气贯明堂，及单树拢明堂，主妻宫有灾。鸦鸣结队飞穴前，主刑妻，成双不碍，成单必应。如鸦鸣穿穴，亦主三年前克妻，并破财。船抵岸，脚踏碎碗底，主刑妻，其家必有鳏夫，及碎瓦、相思草，亦验。如见孤鸿横江而来，似有哀鸣之状，亦主伤妻，应长次两房。坟旁生淡竹妨妻，及岸旁对岸垂杨树，初至地举目见之，针有风动其枝，亦有克妻之应，家内必有鳏居之人。经云：风吹杨柳春萧索，雨滴芭蕉夜寂寥，正合此意，所谓见景生情，触机占断。

兄弟论

登山看峰峦之辅佐，观地察树木之枯荣。穴之左右有红黄之气，坟旁有林木之助，主家有兄弟棣萼联芳之象，缺左刑兄，缺右妨弟。松木不成对，手足定伤残。松木上生红筋，主少弟兄。蝴蝶上穴，手足无力，难许合居，主有分居之象。八哥鸣松林，棣萼甚纷纭，长房生贵子，次房有儒林。鸟窠举目见其坠，兄弟奔他州。橹声穴前鸣，兄弟有争纷，长兄定有克，次弟得安宁。种树不成林，手足定消倾。登地遥见路上二三人同行，即将此数决家下兄弟，无不灵验。

疾病论

凡坟上有荆棘堆，登地见之，主有未了事，缠绵破财之患，并主人眷之灾。登地见右边人来，或白犬吠声，皆主疾病，此皆白虎动，开口煞甚凶，如法断之必应。并见有右旁坟边或有黑衣人来，亦主生灾，再将方向前后步履近远断之，无不应验。远望坟前有黑气，亦主生灾。有砖瓦铜铁之声，亦主家有疾症。如见鸟打雄，主有妇人产后之惊。坟前见干枯为煞，无明堂，有啾唧之灾，如有风动更验。凡登地，初眼见之而断可以准，后见不准此断也。

怪异论

凡登平阳之地，或见蛇行、马嘶、骤雨、暴风，主家中有怪异之事，必要修整阴阳两宅则利，或见出殡、覆舟、乡人厮打跌地、树叶落衣，皆生怪异之事，如法断之，百不失一，或坟前有塘，遥见巨舰扬帆而来，过此者，大主惊忧怪异，并主远信至。如在林间山上，闻虎啸龙吟，涧水之声，并豺狼之疾走跃至穴而见者，皆主惊忧之事，怪异之灾。锣鼓声，主争斗，且防虚惊。双鹊穿林栖树徙穴前，滩上泊舟，居家中必有喜庆事。外有行人一二走归，盖双鹊为喜，栖林上，主家中有喜事。船泊水滩，主有行人在外经商。停歇穴前，主有将归之象。时令早晚，五行生克，决断之。无不立验。

白虎外来白衣客，大祸灭门事必发，必有杀伤图赖人，预防之免遭法。凡至坟上，骤见白虎位上有白衣客来，大凶之象，主见杀伤，图赖人事，必犯官刑之灾。观其老少容貌善恶大小，以断远近，已过未来者甚验。

笛声远来，风动柳槐，牛子走出，破我家财。初至坟上，闻吹笛声，狂风吹折柳槐，更有耕牛过者，断其遖来不利，人破财源。且出音乐，游戏无习之辈。

雪飞扬扬，行意傍徨，嗟其不泰，孝服相当。初至坟上，骤见六出花飞扬，行人奔驰，皆言不吉之象，应见刑克孝服之咎。

乐声频频，持酒过坟，三五成队，欢声而行。初至地上，闻乐声振耳，又见数人提酒而过者，大吉之象，定主其家人丁安泰，进益绵绵，且出风流好雅文墨之士也。

独木亭亭，枝干枯损，风景零落，家道自贫。坟上之树，惟有枯木一枝残叶落，又视其风景萧条，满目凄凉，决然家贫，事业不兴，出败家之子。

青福儒雅，飘然漫行，过我坟旁，芳容欢欣。初临坟墓，见青福之士，欢容而过者，决主家庭和悦，必生俊秀发达之子。喂喂马鸣，满野风生，不见行客，忧心日生。初至坟上，骤听马鸣，又四野风生，不见行客，非吉祥之兆，应断家资未旺，忧虑日生，孤独之人不少。

有女如花，娉婷而行，浑身上下，穿带起群，祝融肆虐，有疾宜慎。凡临地观坟，骤见标致妇人，穿带华丽而过者，须断其小心祝融之灾，且有疾悔缠绵。

三人一马，有妇云寡，络绎而来，欣欣路道，屋广人稀，刑伤几遭。登山临地，如有三人一马，且有寡妇络绎而返者，即断其家屋大人少，且有刑厄之咎，三年前当验。人携孩童，持其书本，匆匆而来，贵秀科甲。初至地，忽见一人，手携孩童，持其书籍而来，过此者，上吉之象，定断其家书香之后，必生科甲之贵，人财两得之地也。

南有高枝，数鸟并居，三鸟攸至，一鸟飞去，桂香喷鼻，凉风阵阵，富，见南枝上有鸟栖居，飞鸟往返，再有桂香凉风，主其家人富大贵。

阳宅入门断

凡至人家，先看其屋宇大小，气色盛衰，家道之兴旺，人丁之否泰，一动一静，务要细加详察，自然决断如见，亦在临时应变，不可执一而论。

凡至人家，闻机声，及书声，乃兴隆之象。闻喧闹，及鸡鸣，犬吠，槛动，及不吉之象，主有讼事牵连及灾悔破财等咎，即断其一年或半年，总觑其气色，便知远近，参断必应矣。

凡断新屋装旧门，旧屋装新门，皆主惊忧口角啾唧之类。

凡至人家，如屋宇低，天井小狭，主艰子嗣，多生女，并人灾财薄。如见蛛网生屋角，主家有缧絏之人，及田上诘讼之事也。

凡厅堂高大，堂屋低小，鹊噪争鸣檐畔，主出寡居及家财有更，事业颠凡至人家，有冷气黑气冲人者，主孤寡败家，有疾病之人。有黄气紫气旺相者，主得横财及发贵。门前井旁有桑树主出寡。屋斜屋边有独树，主鳏居，刑长子。如入人室见犬打雄，主出好淫不法之人，及醉子疾颠之辈。如见红衣人，主有祝融之惊。初入门撞见必应，后见不准。

屋旁构小阁，主过房并接脚。凡有正屋，几进中开，构一横楼，大凶，主有寡妇二三人，一纪十六年间见遭疾、火烛、贫贱、孤独、伶仃之咎。

正屋拆去，止留厢房偏室，作有事荒耕，家无主张，谋为少遂。

凡堂柱冲厅，皆主路死，家财退败。

门前有大碓，主胎落，更兼目疾，年年有火煞加临，更惹灾祸，与碓并者，应也，偏者少准。

偶至一家，断其零正，有产惊之恙，母在子亡之故，其家人惊，并断其东南方讼事相争。

昔有一士亦精此法，至一家，断其去年有小儿落水亡者，询之，果然，盖因他家门首中心有一人池塘故也。

又断一家必出忤逆之子，弟兄不睦，姑嫂相争，问之，果有，盖因他家墙门前种一孤树，生双枝冲天，树根透露，以此决之。

墙门有大树空心，主妇人生劳疾，叫皇天万般，服药无效，除去此树，其病自愈。当门甚准，偏着次之。

初入门，忽听金鼓之声，声中隐藏杀伐之象，必主家中手足不和，日常吵闹，丁口啾唧。

初入门，闻管弦之声，如伏凄凉之状，为乐极生悲，将来必见哭泣，耗财离别之应。

初进门时，似乎寒气侵人，及观室中空大，四顾萧然，天井狭小，其室必有鬼怪，夜间常有响动，更兼财来财去，不能积聚。

初入门时，旺气腾腾，人声嘈杂，其声中暗伏欢悦之象，主人强、财旺、进益绵延。

如见鸡斗犬吠，将来必有欢喜，破财添丁，进人之象。

初进人家，如屋舍紧密，高大居中，明亮太阳照耀，光彩夺目，且闻书声朗朗，及见清贵之物，主发贵，必有科甲之人。

初入人室，如主人相迎，必先观其面上气色，宅中景况，门前物类，然后细细参断，百无一失，务在神而明之，易于通晓。

如入人家，有枯木入墙，固主手足伤残，有瘟疫，少亡之应。活树入墙，主官灾诘讼疾病骏杂之患。

初至人家，偶见喜鹊噪檐前，或墙上，主有人在外求名利，应有远信至也。如有鸦叫，隐有哀鸣之象，主家有忧愁久病之人，且防是非之缠。

墙门前有庙、树当面，断其家中曾有回禄，瘟疫之患。竹树倒垂水边，主有落水之人。

人家正厅面前如有井，主妇人淫乱，经云，穿井对门前，虽富与人眠。

厅内房前有井，主少亡。后堂穿井，主淫乱。屋大人少，灾悔不小。蝴蝶上梁，孝服相侵之象。

初至人家门首，忽见乘马人过者，断其家必有习武之人，再将来去之方审之，灵验。

人家屋后植松竹，主财人两旺。秀茂当道，如残落焦黄，主富尽穷来。

门前植树，祯祥之兆，主出清贵德行之人。再观树色，衰茂根本，大小细加详断，自必有奇验也。

初到人家，见门前有破屋或厕室，主其家长辈，有悔常生啾唧。

偶断一家，必有少年枉死之人，询之，果然，盖因他家门首有二井故耳。

一日偶至乡间，见一大树，下有一人家，其屋甚小，即断曰，若住此屋，将来忌养六畜，非但无利，且有损折，数年必然损过一牛，询之，果验。

偶至一家，断其家有目疾眼花之人，且有连年官事之相缠，财物积聚之不能，其家惊服，问其故，师曰，前门对佛塔，以致如此，宜迁居可免。

如至人家，见有雌鸡上门槛，即断其阴旺阳衰，女人当权，且有二婚之妇。

偶至一家，及抵岸断曰，君家必出痴颠之人，其家惊服，试问其故，师曰，尊府门前有十字水故耳。适有一大族延师至家，及至门前，举目内外一看，师曰，此乃大贵之宅，必出公侯之位，试问其故，师曰，尊府门前路分五曲，故有此贵，横直皆同。正门之前构船，主官事退财，造后二十馀年见之。

初至人家，有灰尘落面，主家内有怪，或有蛇精之应。水泥落面，此主出赌博之人，卖尽田园之子。

初进门，闻哀泣之声，有灾厄刑耗之事，及口舌损财。

初进门，见鸡啼，此主家有客人，并得横财，欢悦之事。如见鸡上檐者，主有旧事复萌，火烛，口角之事，耗财之患。

见屋脊中正屋，此主少亡，讼败逃逸之事。

凡人家，卧房之内，不宜堆石，房中涨塞，主难产育。门上遥根太长，亦有殃。

偶至一家，即断其疮癣缠绵之灾，其家大服，问师何故，师曰，梁上燕窝，并门柱破烂，粪窖当门之故，至乱石天井中，亦准此断。

又至一家，断其家中人有犯心痛之病，其家果有之，亟问其故，师曰，大石当门之故耳，去之，即愈，空心大树亦有此疾。

初至人家，门首宜定神细看，形势动静，一目了然，吉凶之机洞悉。

昔有一师，亦明此法，偶过一家，见其门首，东有一井，西有一荡，即断曰，尊府曾出哑子否，对曰，未有，师又曰，癫狂之人必有，询之，果然。

大凡人家门首，宜植槐树，屋后种松竹吉泰，定许人财旺相，进益源源，前有青龙路来入门吉，右不利，前如有七字路大利，主每岁添财，丁安泰，事业兴隆，诸凡平稳。